글·그림 한날

작가의 말

얼마 전 뉴스를 보다가 깜짝 놀랄 만한 소식을 들었습니다.

한 기업의 사과문에 등장한 '심심한 사과의 말씀을 드린다'라는 문장을 일부 사람들이 잘못 해석하여 논란이 되었다는 뉴스였습니다. 논란이 된 말은 바로 '심심한'이라는 단어였는데, 이 문장에서 사용된 '심심한'이라는 단어를 한자로 표기하면 甚(심할 심), 深(깊을 심)을 사용하여 '마음의 표현 정도가 매우 깊고 간절하다'라는 사전적 의미를 가집니다.

하지만 우리가 자주 사용하는 '하는 일이 없어 지루하고 재미가 없다'의 '심심하다'라는 의미로 잘못 해석하게 된다면 이해할 수 없는 말이 되어 사과문이 아니라 놀리는 글로 바뀌게 되는 것이지요.

우리말에는 수많은 단어가 한자어로 이루어져 있어요. 어떤 말은 한자의 소리만 빌린 것이 있는가 하면, 어떤 말은 한자의 뜻을 그대로 가져온 말도 있지요. 그래서 한자를 알면 그 단어의 뜻도 쉽게 알아차릴 수 있는 경우가 많아요. 그러므로 한자를 배운다는 것은 우리글을 이해하는 데 큰 도움이 됩니다.

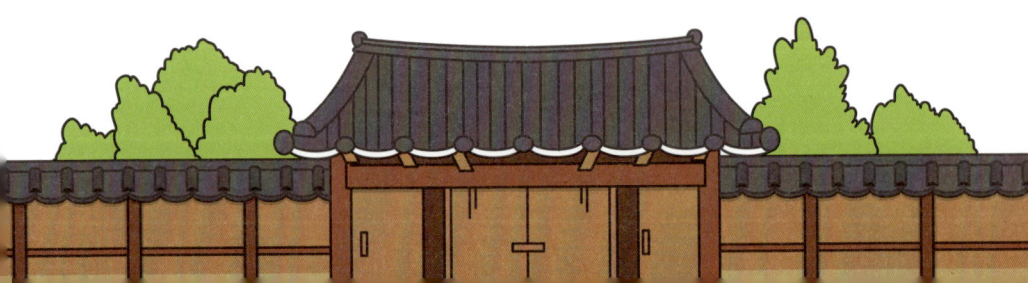

이번 《읽으면서 바로 써먹는 어린이 급수 한자》를 통해 친구들이 한자는 어렵다는 고정관념에서 벗어나 일상에서 쓰이는 많은 말속에 한자가 숨겨져 있고, 그 뜻을 쉽게 알아차리기 위해 이 책 속에 담긴 한자를 꺼내 바로바로 써먹을 수 있기를 바랍니다.

한날

각자 各自 따로따로라는 뜻으로, 자기 자신 또는 각각의 사람을 말해요.
합심 合心 마음을 하나로 모은다는 뜻이에요.

강자 強者 힘 또는 세력이 강한 집단이나 사람을 말해요.

약체 弱體 몸이 약하다는 뜻과 함께 능력(실력)이 좋지 않은 조직을 뜻해요.

고가 古家 지은 지 오래된 집으로 고택이라고도 해요.
신식 新式 새로운 방식이라는 뜻으로 반대말은 구식이에요.

공간 空間 무엇인가를 할 수 있는 장소를 말해요.
유명 有名 세상에 이름이 알려져 많은 사람이 안다는 뜻이에요.

교훈 教訓 행동이나 마음가짐을 바르게 할 수 있는 가르침을 말해요.
학생 學生 어떤 것을 배우는 사람을 말해요.

남북 南北 남쪽과 북쪽으로 남북쪽이라고도 해요.
세계 世界 지구에 있는 모든 나라 또는 인류 전체를 뜻해요.

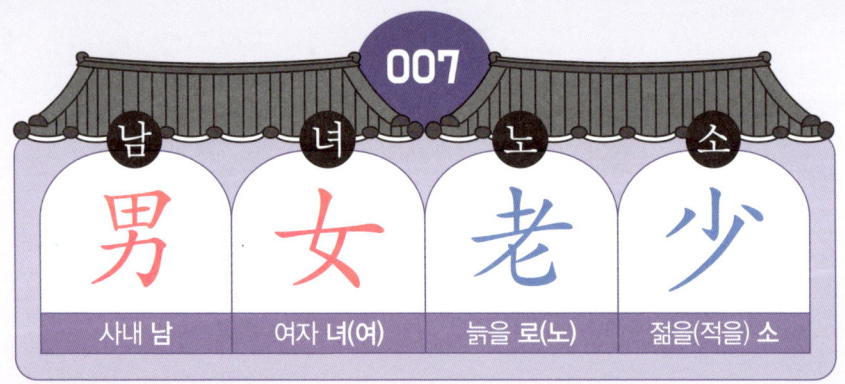

남녀노소 男女老少 남자와 여자, 노인과 젊은이를 포함한 모든 사람을 이르는 말이에요.

다소 多少 많고 적음을 뜻하는 말로, 약간 또는 조금과 바꿔 쓸 수 있어요.
기색 氣色 속마음이 얼굴에 드러난 것으로 낌새, 티, 빛과 비슷한 말이에요.

대소 大小 크고 작음을 뜻해요.
문제 問題 답을 요구하는 질문을 말해요.

춘하추동 春夏秋冬 사계절인 봄·여름·가을·겨울을 뜻해요.

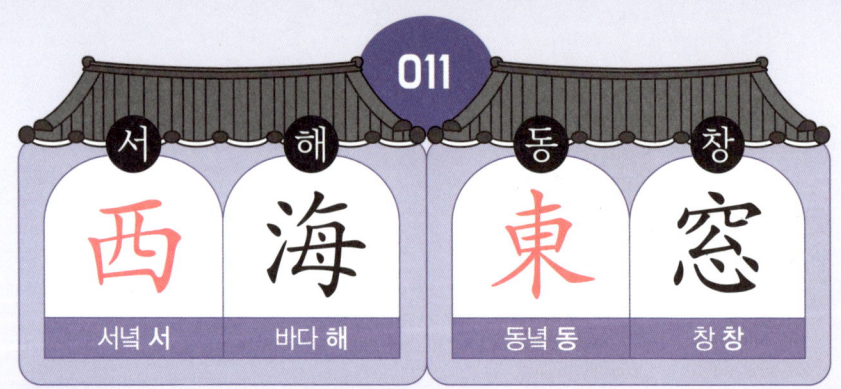

서해 西海 서쪽에 있는 바다를 말해요.
동창 東窓 동쪽으로 난 창을 말해요.

동화 童話 동심을 담아 지은 이야기로 어린이들이 주로 읽어요.
언행 言行 말과 행동을 뜻해요.

특	별	동	일
特	別	同	一
특별할 특	다름(나눌) 별	한가지 동	한 일

특별 特別 다른 것과 비교하여 차이 나게 다르다는 말이에요.
동일 同一 다른 것과 비교하여 똑같다는 뜻이에요.

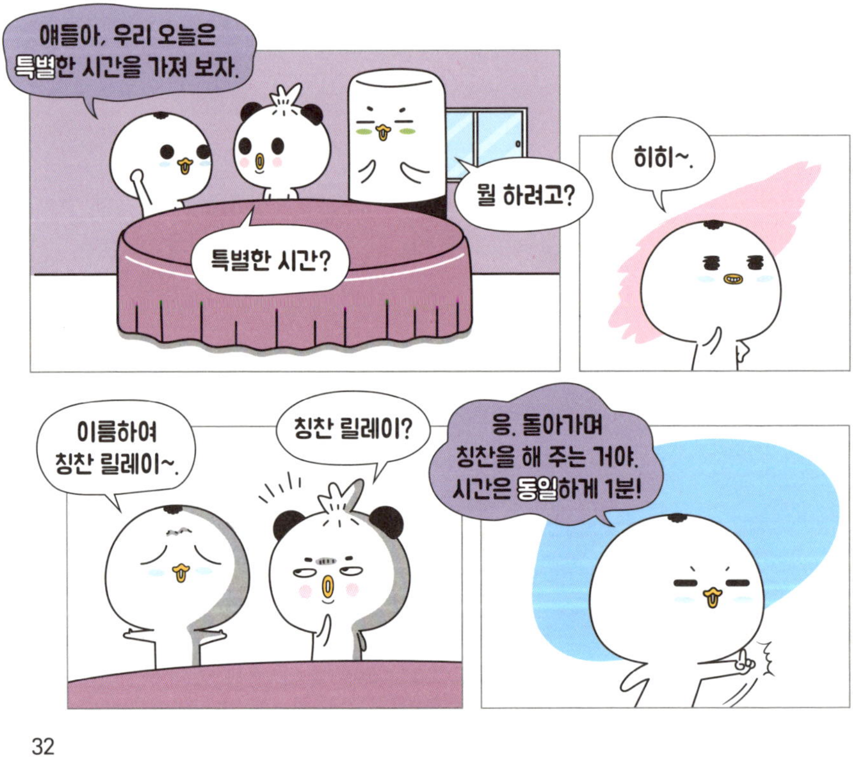

얘들아, 우리 오늘은 특별한 시간을 가져 보자.

뭘 하려고?

히히~.

특별한 시간?

이름하여 칭찬 릴레이~.

칭찬 릴레이?

응, 돌아가며 칭찬을 해 주는 거야. 시간은 동일하게 1분!

부모 父母 아버지와 어머니를 뜻해요.
시장 市場 사람들이 물건을 사고파는 곳을 말해요.

산천 山川 산과 내를 뜻해요.
자연 自然 사람이 만들지 않은 천연 그대로의 상태 또는 존재를 말해요.

상하좌우 上下左右 위·아래·왼쪽·오른쪽으로 모든 방향을 뜻해요.

생사 生死 삶과 죽음을 뜻하는 말이에요.
활동 活動 몸을 움직여 행동하거나 일한다는 뜻이에요.

서화 書畵 글귀가 담겨 있는 그림을 말해요.
사교 社交 사람과 사람이 서로 사귄다는 말이에요.

선조 先祖 아주 먼 윗대의 조상을 말해요.
후손 後孫 세대가 여러 번 지난 뒤의 자녀를 뜻해요.

우와~, 이게 바로 석빙고란 말이지?

맞아.

석빙고가 뭐야?

냉장고가 없던 시절에 봄, 여름, 가을까지 얼음을 효과적으로 보관했던 곳이야.

냉장고가 없었는데, 얼음을 보관했다고?

그래. 히히~.

020

수	도	화	력
水	道	火	力
물 수	길 도	불 화	힘 력(역)

수도 水道 관을 통해 물을 보내 주는 시설을 말해요.
화력 火力 어떤 것이 불에 탈 때 내는 열을 뜻해요.

실내 室內 건물이나 방 안을 뜻해요.
외과 外科 신체 외부 또는 내장 기관을 치료하고 수술하는 의학 분야예요.

오후 午後 낮 12시부터 해가 질 때까지를 말해요.
면전 面前 얼굴 앞이라는 말처럼 눈앞 또는 그 사람의 앞을 뜻해요.

조회 朝會 아침에 학생과 선생님이 한자리에 모이는 일을 말해요.
야식 夜食 밤중에 먹는 음식을 뜻해요.

천재 天才 다른 사람보다 특출난 재주 또는 재능을 가진 사람을 말해요.
지도 地圖 지구 표면을 축소해 평면으로 그린 그림을 말해요.

평화 平和 평온하고 화목한 상태를 말해요.
전술 戰術 전쟁·전투에서 사용되는 기술과 방법을 뜻해요.

표	현	소	실
表	現	消	失
겉 표	나타날 현	사라질 소	잃을 실

표현 表現 말이나 몸짓으로 생각이나 느낌을 나타낸다는 뜻이에요.
소실 消失 잃어버리거나 사라져 없어진다는 말이에요.

형제 兄弟 형과 아우를 말해요.
소중 所重 매우 귀하고 중요하다는 뜻이에요.

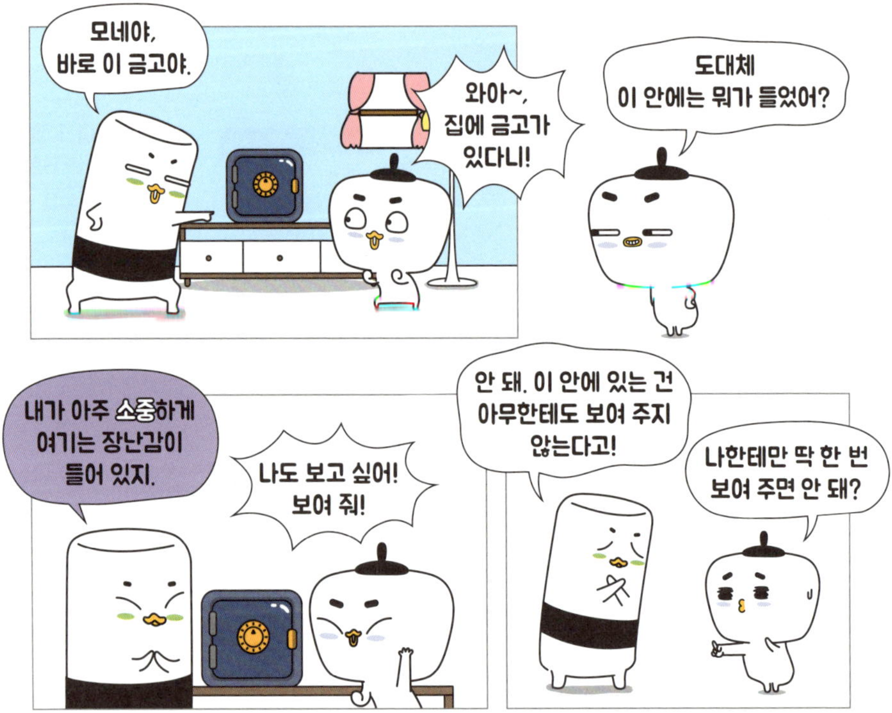

화초 花草 집에서 키우는 관상용 식물을 말해요.
금년 今年 올해를 말해요.

구분 區分 정해진 기준에 따라 몇 개로 나눈다는 뜻이에요.
기사 記事 신문이나 잡지 등에 사실을 알리는 글을 말해요.

국호 國號 나라 이름을 말해요.
성명 姓名 성과 이름을 말해요.

군민 郡民 행정 구역 중 군(郡)에 사는 사람을 말해요.
읍내 邑內 행정 구역 중 읍(邑) 안을 말해요.

근본 根本 사물이 본디부터 가진 성질이나 바탕을 말해요.
신용 信用 틀림없다고 믿는 마음을 말해요.

급행 急行 빠르게 가거나 속도가 빠른 열차를 말해요.
시속 時速 1시간을 기준으로 달린 속도를 말해요.

농촌 農村 사람들 대부분이 농업에 종사하는 지역을 말해요.
십리 十里 약 3.93km예요.

분반 **分班** 반을 여러 반으로 나눈다는 뜻이에요.
교육 **教育** 지식이나 기술 등을 가르친다는 말이에요.

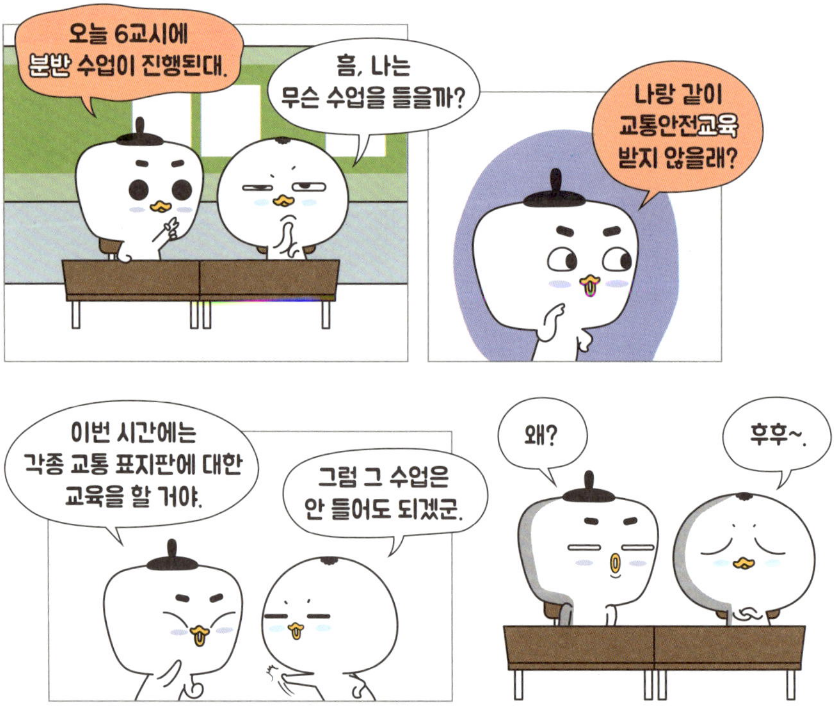

수목원 樹木園 다양한 나무를 연구·관찰하기 위해 재배하는 시설을 말해요.

영원 永遠 시간과 상관없이 변하지 않고 끝없이 이어진다는 뜻이에요.
장년 長年 오랜 세월 또는 나이가 많은 사람을 말해요.

온도 溫度 따뜻하고 차가운 정도를 말해요.
예 例 설명하기 위한 본보기로 보기로 바꿔 쓸 수 있어요.

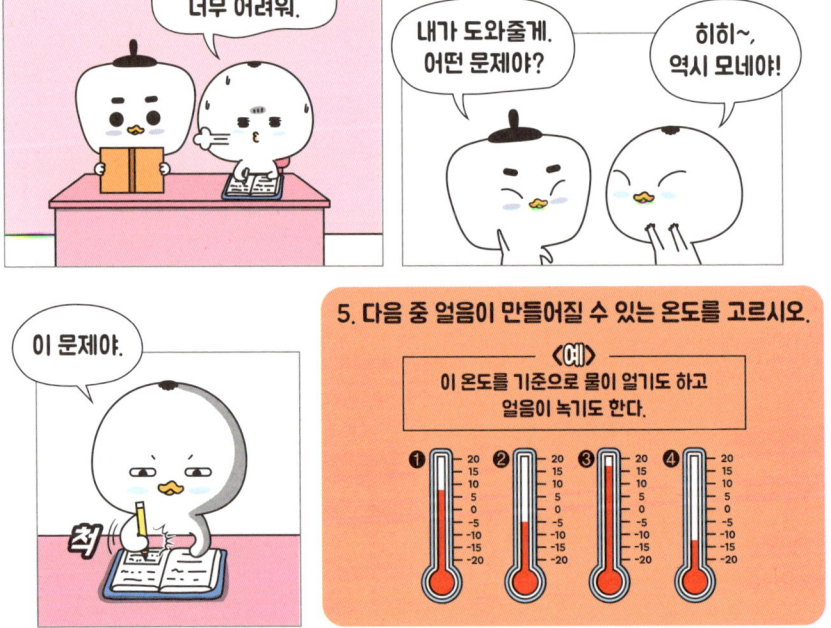

의복 衣服 옷을 뜻해요.
주야 晝夜 밤낮을 뜻하는 말이에요.

정답 **正答** 옳은 답을 뜻해요.
직선 **直線** 휘어짐 없이 곧은 선을 말해요.

제일 第一 여럿 중 으뜸이 되는 것을 말해요.
번호 番號 순서를 나타내기 위해 붙이는 숫자를 말해요.

자~, 골라 봐.

내가 번호를 적어 두었어.

하나씩 골라야 해.

내가 부르는 숫자와 같은 번호가 나온 친구에게 선물을 줄게.

정말?

어떤 선물?

집계 集計 계산된 것들을 모아서 계산한다는 뜻이에요.
산수 算數 계산하는 방법 또는 수학을 뜻해요.

043

팔	도	통	로
八	道	通	路
여덟 팔	길 도	통할 통	길 로(노)

팔도 八道 우리나라 전체를 뜻해요.
통로 通路 연결되어 통하는 길을 말해요.

가구 家口 가족 또는 주거 생활을 같이하는 집단을 말해요.
편안 便安 아무 걱정 없이 편하고 좋은 상태를 말해요.

각도 角度 각의 크기를 말해요.
도형 圖形 삼각형, 사각형, 육각형, 원 등을 말해요.

개학식 開學式 방학을 끝내고 새롭게 수업을 시작할 때 하는 행사예요.

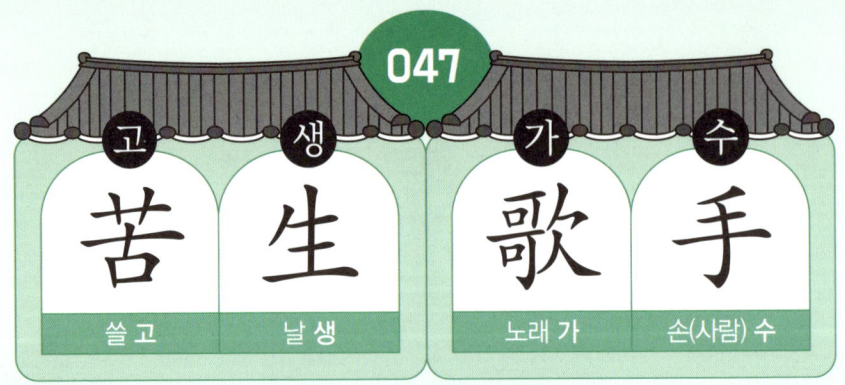

고생 苦生 힘들고 어려운 일을 겪는다는 뜻이에요.
가수 歌手 노래 부르는 것을 직업으로 가진 사람을 말해요.

— 찹이야, 괜찮아?
— 응. 이제 다 나았어.
— 며칠 동안 감기에 걸려서 정말 고생했어.
— 그래도 빨리 나아서 다행이야.
— 감기도 다 나았는데, 오늘은 뭘 할 거야?
— 며칠 동안 침대에서 꼼짝 못 했잖아. 당연히 오늘은 즐겨야지!

공공 公共 사회 구성원 모두와 관련된 것을 말해요.
성공 成功 원하는 것을 이뤘다는 뜻이에요.

공부 工夫 학문, 기술 등을 배워 익힌다는 뜻이에요.
주인 主人 어떤 물건이나 대상을 가지고 있는 사람을 말해요.

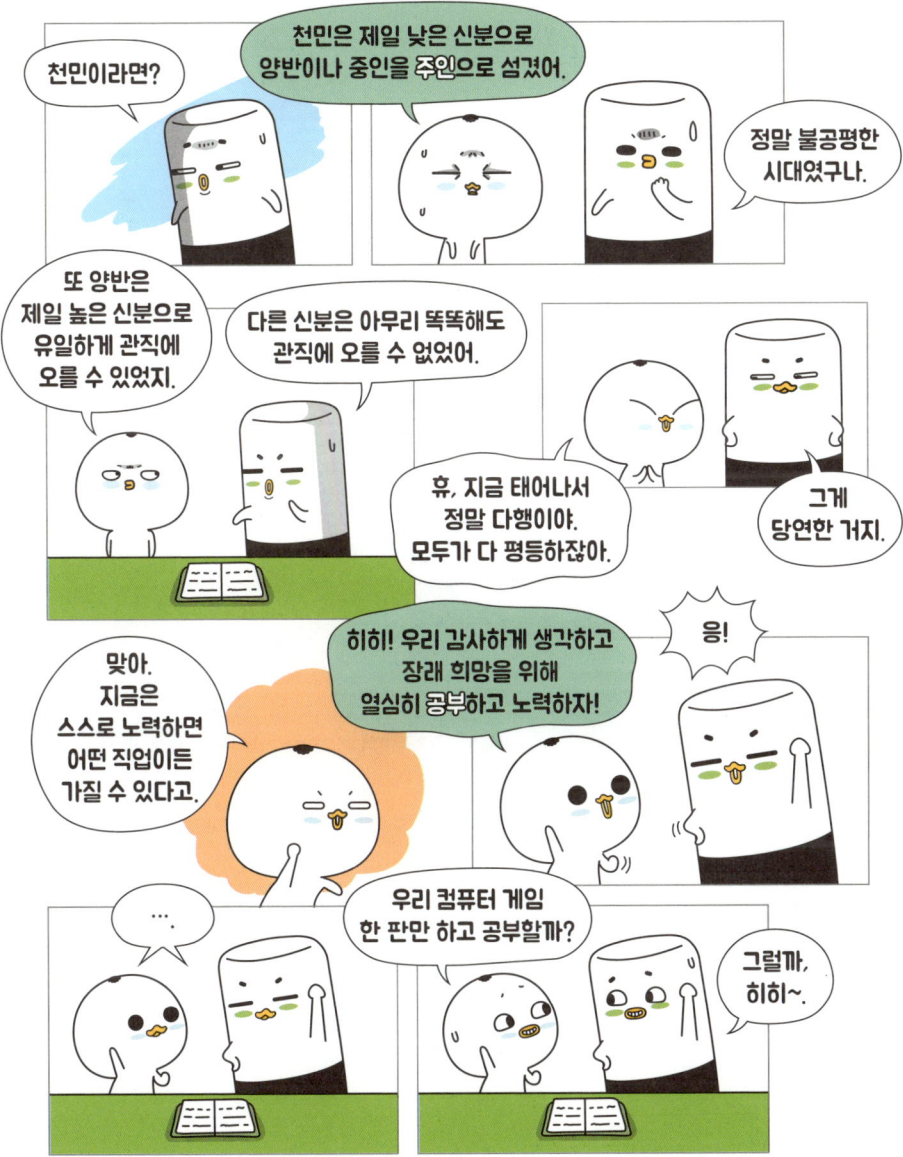

광명 光明 밝고 환하다는 뜻과 함께 희망을 나타내요.
교문 校門 학교에 드나드는 문을 말해요.

구만 九萬 90,000을 뜻해요.
청산 淸算 사람 간에 갈등이나 문제, 빚 등을 정리한다는 뜻이에요.

근대 近代 오래 되지 않은 가까운 시대를 말해요.
농업 農業 식물이나 동물을 기르는 산업을 말해요.

053 김 이 박 金 李 朴

성씨 김 (쇠 금)　　오얏(성씨) 리(이)　　성씨 박

김, 이, 박 金, 李, 朴 이름 앞에 오는 성씨로 김, 이, 박 순으로 성씨를 가진 인구수가 많아요.

얘들아, 내가 인구주택총조사라는 재미있는 자료를 가지고 왔어.

인구주택총조사?

이걸 보면 성씨에 관련된 재미있는 것들도 알 수 있어.

앗, 성씨는 이름 앞에 붙는 성을 말하는 거지?

맞아. 우선 우리나라에 성씨가 몇 개 정도 될 것 같아?

음…, 100개?

그것보다는 더 많을 것 같아. 500개!

내	정	수	족
內	定	手	足
안 내	정할 정	손(사람) 수	발 족

내정 內定 마음속 또는 내부에서 결정을 내렸다는 말이에요.
수족 手足 손과 발 또는 자신의 뜻에 따라 움직여 주는 사람을 말해요.

다독 多讀 많은 책을 읽는다는 뜻이에요.
칠일 七日 한 달 중 일곱 번째 날. 또는 일곱 날을 말해요.

다행 多幸 생각지 않게 일이 잘 풀려 운이 좋다는 뜻이에요.
정원 庭園 마당을 풀이나 꽃으로 꾸민 곳을 말해요.

단음 短音 짧은 소리를 뜻해요.
시작 始作 모든 일의 처음 단계를 말해요.

답례 答禮 다른 사람에게 받은 고마움을 돌려준다는 뜻이에요.
내일 來日 바로 오는 다음 날을 말해요.

대합실 待合室 교통수단 등을 타기 위해 순서를 기다리는 공간을 말해요.

대립 對立 서로 의견이나 생각이 정반대인 관계를 말해요.
동장 洞長 동을 대표하는 사람을 말해요.

두목 頭目 모임의 우두머리를 말해요.
방심 放心 마음을 편안하게 풀어 버린 상태를 말해요.

등급 等級 좋고 나쁨을 단계로 나누어 구분한 것을 말해요.
등용 登用 능력이 뛰어난 사람을 뽑아 쓴다는 말이에요.

낙천 樂天 긍정적인 생각으로 모든 것을 좋게 본다는 뜻이에요.
용기 勇氣 무서워하지 않는 강인한 마음을 뜻해요.

매일 每日 하루하루를 말해요.
신문 新聞 새로운 소식이 담긴 간행물을 말해요.

문장 文章 글로 표현된 생각이나 감정을 표현하는 최소 단위를 말해요.
물리 物理 과학 분야 중 하나예요.

미	국	한	국
美	國	韓	國
아름다울 미	나라 국	한국(나라) 한	나라 국

미국 美國 워싱턴 D.C.가 수도인 나라예요.
한국 韓國 대한민국, 우리나라를 말해요.

반기 反旗 반대 의사를 나타내는 행동이나 말 등을 뜻해요.
불평 不平 마음에 들지 않아 하는 불만스러운 말이나 행동을 뜻해요.

반성 反省 자신이 한 행동을 뒤돌아보며 잘못을 생각한다는 말이에요.
학습 學習 배우고 익힌다는 뜻이에요.

백설 白雪 하얀 눈을 말해요.
식물 植物 동물과 함께 생태계를 이루는 하나예요.

백성 百姓 국민을 부르던 옛말이에요.
주민 住民 한 지역에 사는 사람을 말해요.

병약 病弱 몸이 약하거나 병으로 약해졌다는 뜻이에요.
사촌 四寸 엄마 아빠 친형제의 자녀와 나의 촌수를 말해요.

사용자 使用者 물건이나 시설 등을 이용하는 사람을 말해요.

상경 上京 지방에서 서울로 올라온다는 뜻이에요.
과연 果然 생각했던 것과 실제가 같다는 뜻이에요.

상석 上席 나이나 지위가 높은 윗사람이 앉는 자리를 말해요.
친애 親愛 사랑하는 또는 존경하는 마음을 뜻해요.

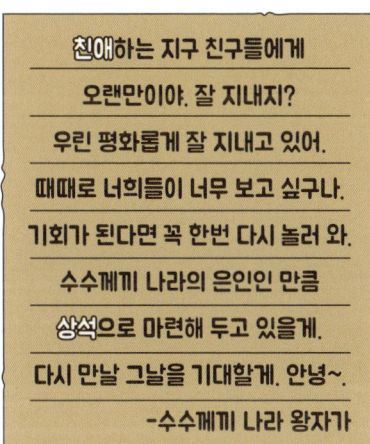

석양 夕陽 저녁 시간 지는 해를 말해요.
입신 入神 어떤 한 분야에서 뛰어난 실력으로 신의 경지에 도달했다는 말이에요.

선금 先金 어떤 것에 대한 대가를 먼저 치르는 돈을 말해요.
은행 銀行 금융 기관을 말해요.

식당 食堂 음식을 만들어 파는 곳을 말해요.
미음 米飮 건더기 없이 죽보다 묽게 끓인 음식을 말해요.

야구 野球 작은 공과 방망이를 이용해 경기하는 운동을 말해요.
고공 高空 높은 공중을 말해요.

양약 洋藥 서양 의술로 만든 약을 말해요.
영어 英語 세계 여러 나라에서 사용되는 국제어예요.

운명 運命 이미 정해져 있는 상황이나 수명 등을 말해요.
발명 發明 세상에 없는 물건이나 기술 등을 새로 만든다는 뜻이에요.

의중 意中 속마음을 말해요.
불효 不孝 부모님께 도리를 다하지 못한다는 말이에요.

이, 삼 二, 三 둘, 셋
오, 육 五, 六 다섯, 여섯

인력거 人力車 사람이 끄는 수레를 말해요.

084

자유 自由 무엇이든 내 마음대로 할 수 있는 상태를 말해요.
명의 名醫 병을 잘 고치는 유명한 의사를 말해요.

작년 昨年 바로 앞에 지난해를 말해요.
태평 太平 걱정 없이 평안하다는 말이에요.

전자 電子 음전하를 띤 원자의 구성 성분을 말해요.
한자 漢字 중국에서 만들어진 표의 문자예요.

전반 前半 전체를 반으로 나누어 앞부분을 말해요.
방향 方向 동서남북 중 가리키는 쪽을 말해요.

088

전	부	월	석
全	部	月	石
온전할 전	떼(거느릴) 부	달 월	돌 석

전부 全部 일부분이 아닌 전체를 말해요.
월석 月石 달에 있는 돌 또는 달에서 가져온 돌을 말해요.

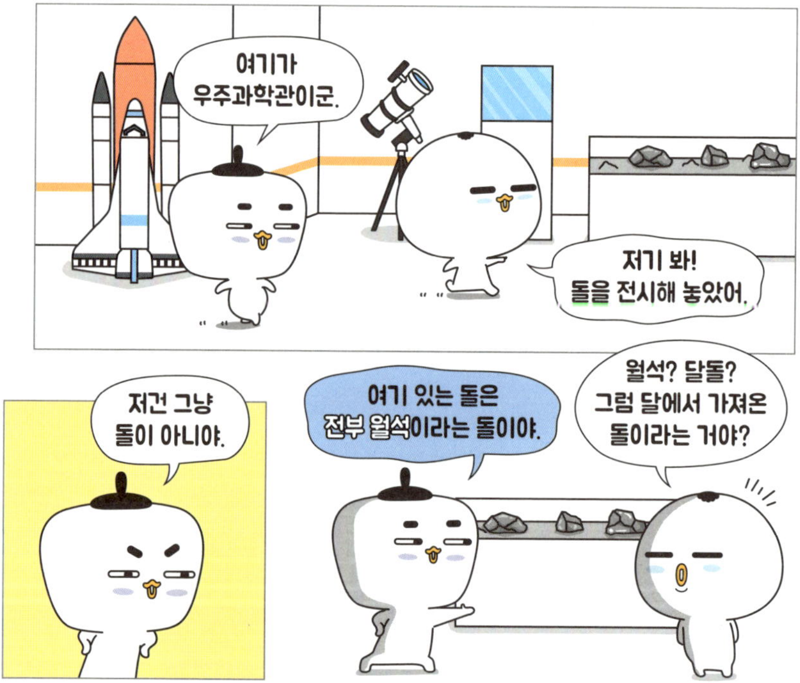

여기가 우주과학관이군.

저기 봐! 돌을 전시해 놓았어.

저건 그냥 돌이 아니야.

여기 있는 돌은 전부 월석이라는 돌이야.

월석? 달돌? 그럼 달에서 가져온 돌이라는 거야?

089

주	유	왕	족
注	油	王	族
부을 주	기름 유	임금 왕	겨레 족

주유 注油 기름을 넣는다는 뜻이에요.
왕족 王族 왕의 가족을 말해요.

여기에도 주유소가 있네.

주유소는 차에 기름을 넣는 곳이잖아.

응. 대부분의 자동차는 기름을 원료로 사용하기 때문에 주유소가 있어야 해.

근데 기름은 어디서 나오는 거지?

깊은 땅속에 석유가 매장돼 있어.

그걸 생산해서 기름으로 만들지.

090

青軍 (청군) 勝利 (승리)

- 푸를 청
- 군사 군
- 이길 승
- 이로울 리(이)

청군 青軍 팀을 나눌 때 파란색 팀을 말해요.
승리 勝利 경기, 전쟁 등에서 이겼다는 뜻이에요.

091

體感 強風

- 체 : 몸 체
- 감 : 느낄 감
- 강 : 강할 강
- 풍 : 바람 풍

체감 體感 몸이 직접 느끼는 감각을 말해요.
강풍 強風 아주 세게 부는 강력한 바람을 말해요.

초록 草綠 파랑과 노랑이 섞인 색으로 자연을 닮은 녹색을 말해요.
산림 山林 산과 숲을 뜻해요.

한강 漢江 서울의 중심을 흐르는 강이에요.
출토 出土 땅속에 묻혀 있던 것을 밖으로 꺼낸다는 말이에요.

현재 現在 지금이라는 뜻이에요.
운신 運身 몸을 움직인다는 뜻이에요.

095

화	가	황	색
畫	家	黃	色
그림 화	집 가	누를 황	빛 색

화가 畫家 그림 그리는 것을 직업으로 하는 사람을 말해요.
황색 黃色 황금처럼 진한 노란색을 말해요.

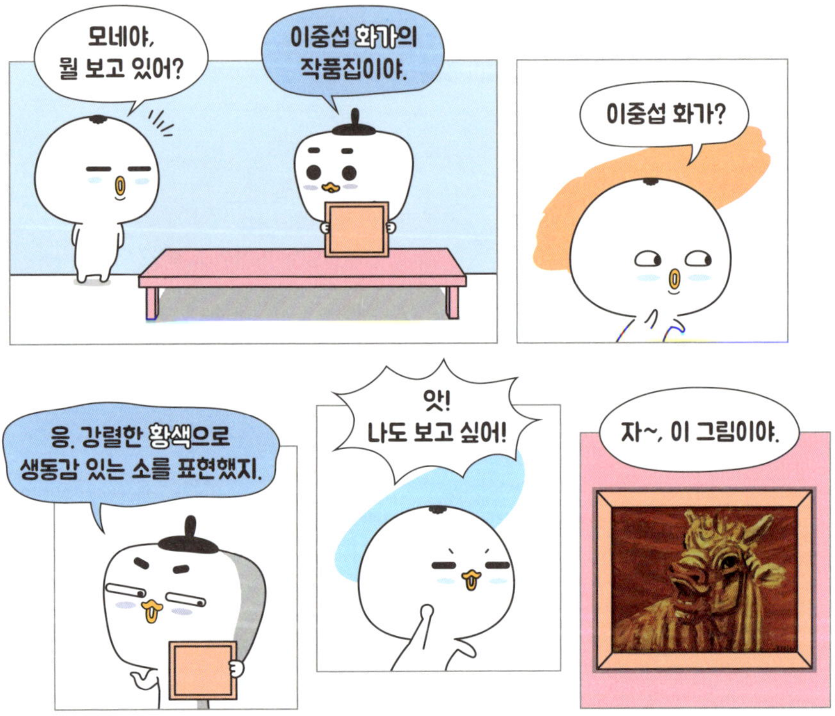

모네야, 뭘 보고 있어?

이중섭 화가의 작품집이야.

이중섭 화가?

응. 강렬한 황색으로 생동감 있는 소를 표현했지.

앗! 나도 보고 싶어!

자~, 이 그림이야.

096

휴	지	편	리
休	紙	便	利
쉴 휴	종이 지	편할 편	이로울 리(이)

휴지 休紙 화장지 또는 버려지는 쓰레기를 말해요.
편리 便利 이용이 쉽다는 뜻이에요.

초판 12쇄 2025년 9월 2일
초판 1쇄 2022년 11월 21일

글·그림 한날

펴낸이 정태선
펴낸곳 파란정원
출판등록 제395-2010-000070호
주소 서울특별시 은평구 가좌로 175, 5층
전화 02-6925-1628 | 팩스 02-723-1629
제조국 대한민국 | 사용연령 8세 이상 어린이
홈페이지 www.bluegarden.kr | 전자우편 eatingbooks@naver.com
종이 다올페이퍼 | 인쇄 조일문화인쇄사 | 제본 경문제책사

글·그림ⓒ2022 한날
ISBN 979-11-5868-247-7 73700

이 책은 저작권법에 따라 보호받는 저작물이므로 무단 전재와 무단 복제를 금지하며,
이 책 내용의 전부 또는 일부를 이용하려면 반드시 저작권자와 파란정원(자매사 책먹는아이·새를기다리는숲)의 동의를
얻어야 합니다.
*잘못된 책은 구입하신 서점에서 바꿔 드립니다.

글·그림 한날

총 10획　丶丶宀宀宁穷穷家家家

집 가

총 14획　一一一一一一哥哥哥哥哥歌歌

노래 가

총 6획　丿夂夂夂各各

각각 각

총 7획 ノ ⺈ ⺈ 乃 角 角 角

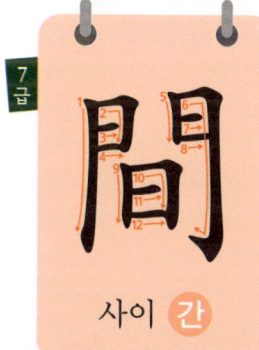

총 12획 ｜ ｜ ｢ ｢ ｢ 門 門 門 門 問 間 間

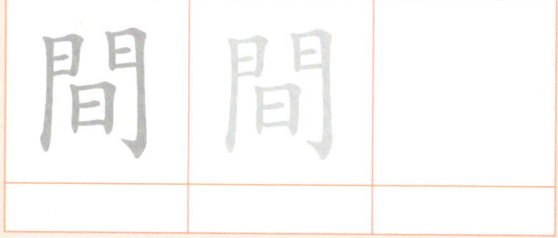

총 13획 ノ 厂 厂 厂 厂 后 咸 咸 咸 咸 感 感 感

총 11획 　フ　コ　弓　弘　弘　殆　殆　殆　强　强　强

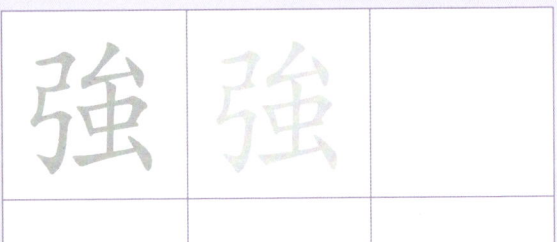

강할 강

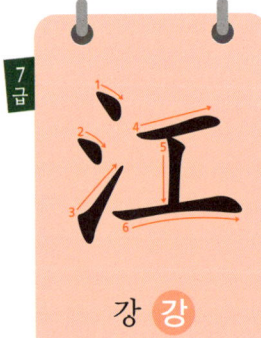

총 6획 　丶　冫　氵　江　江　江

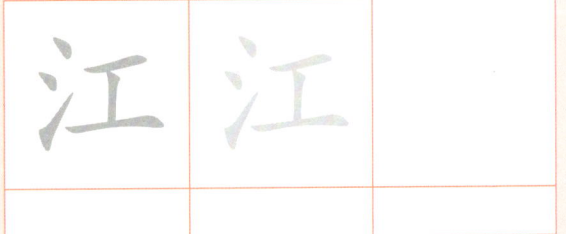

강 강

총 12획 　丨　冂　冂　冃　冃　門　門　門　門　閂　開　開

열 개

수레 거, 차

총7획 一 ㄱ 币 盲 百 亘 車

서울 경

총8획

지경(경계) 계

총9획

높을 고

총 10획 ` 亠 亠 产 音 盲 高 高 高 高

공평할 공

총 4획 ノ 八 公 公

한가지 공

총 6획 一 十 卄 廾 共 共

실과(열매) 과

총8획 `丨 冂 曰 日 旦 甲 果 果`

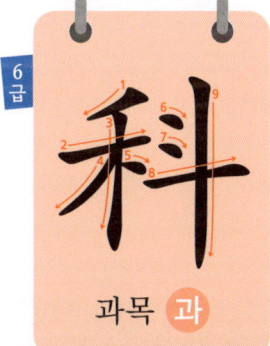

과목 과

총9획 `丿 二 千 千 禾 禾 禾 科 科`

빛 광

총6획 `丨 ⺊ ⺌ 业 屮 光`

총 6획 丶 亠 亣 六 亣 交

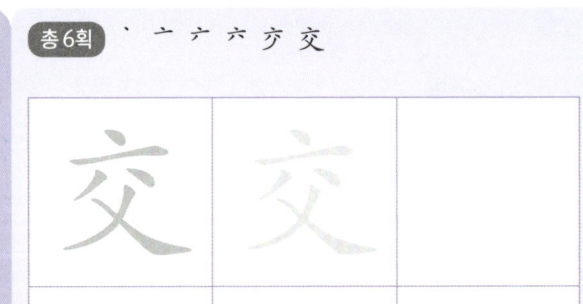

사귈 교

총 11획 ノ × 乂 乄 耂 孝 孝 券 敎 敎 敎

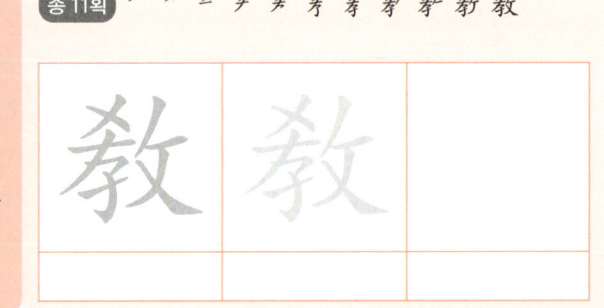

가르칠 교

총 10획 一 十 才 木 木 杧 栌 柊 校 校

학교 교

구분할(지경) 구

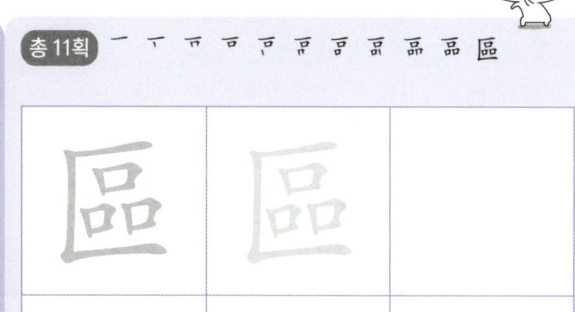

총 11획 一 丆 гг 冂 冋 品 品 品 品 品 區

공 구

총 11획 一 二 十 т 王 王 玎 玎 球 球 球

입 구

총 3획 丨 冂 口

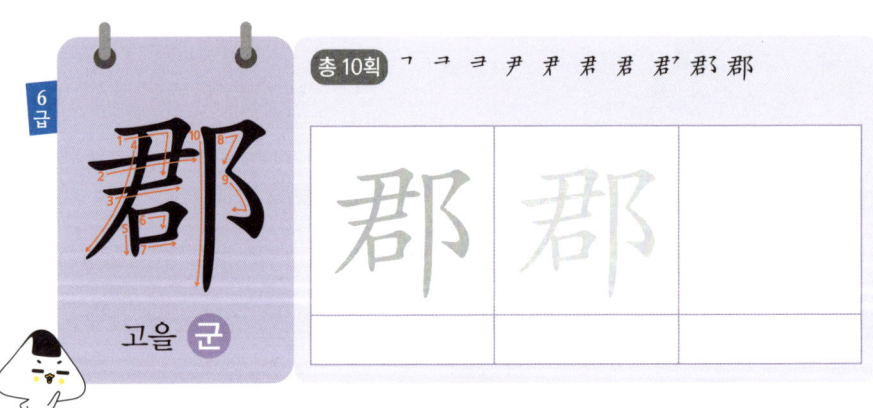

총 9획 `丿 冖 冖 冖 宣 宣 軍`

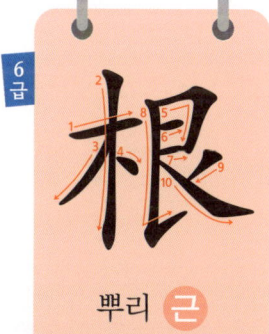

총 10획 `一 十 オ 木 朳 朳 朳 根 根 根`

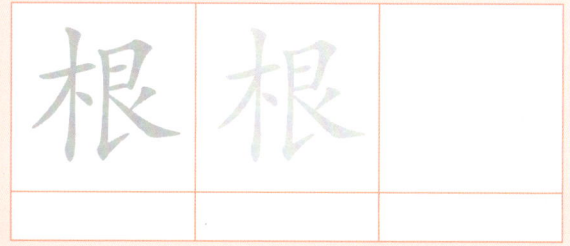

총 8획 `丿 广 厂 斤 沂 沂 近 近`

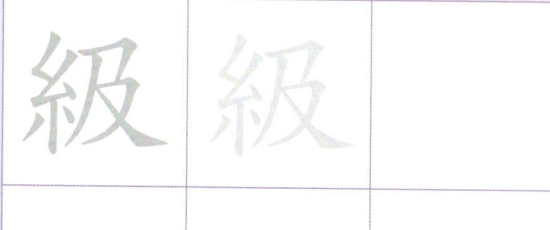

총 10획

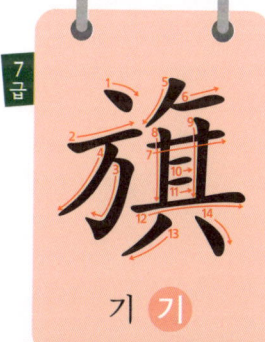

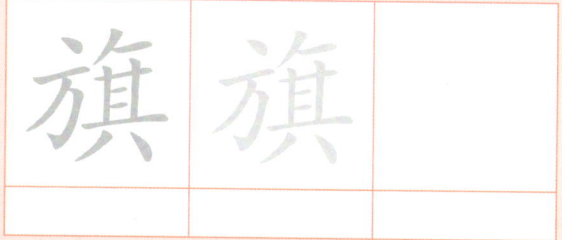

총 14획

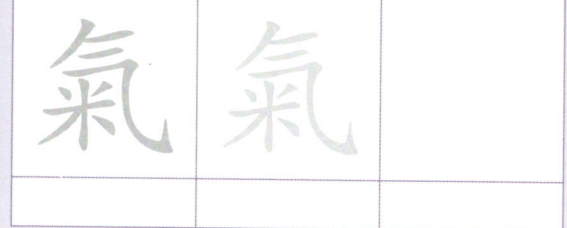

총 10획

총 10획 `、 ㇐ ㇑ ㇒ ㇓ 言 言 記 記 記`

기록할 기

총 7획 `㇒ 口 日 曰 田 甼 男`

사내 남

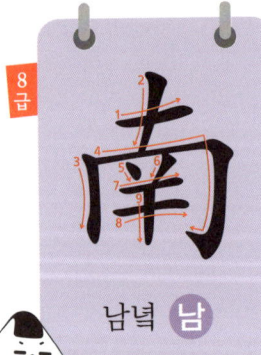

총 9획 `一 十 ナ 冂 内 内 内 南 南 南`

남녘 남

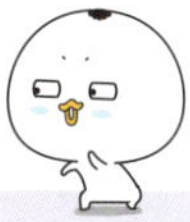

7급

內

안 내

총 4획 丨 冂 冂 內

内 内

8급

女

여자 녀(여)

총 3획 𡿨 女 女

女 女

8급

年

해 년(연)

총 6획 丿 𠂉 𠂉 𠂉 𠂉 年

年 年

7급 答 대답 답

총 12획 ノ 十 ケ ケ ケ ケ ケ 笁 竺 答 答 答

6급 堂 집 당

총 11획 丨 丷 丷 ⺌ 兯 兯 ⺌ 堂 堂 堂 堂

6급 代 대신할 대

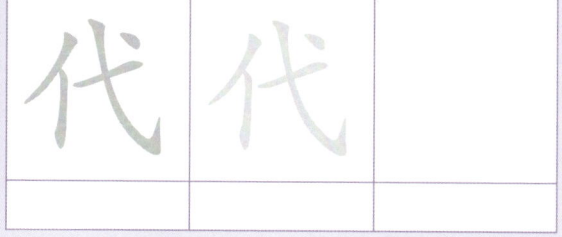

총 5획 ノ 亻 ⺅ 代 代

대할 대

총 14획

기다릴 대

총 9획

큰 대

총 3획

그림 도

총 14획 ㅣ 冂 冂 冋 冋 몹 吕 吕 吕 吕 圖 圖 圖

법도 도

총 9획 丶 亠 广 广 庁 庐 庐 庹 度

길 도

총 13획 丶 丷 丷 亇 产 芦 芹 首 首 渞 渞 渞 道

동녘 **동**

총 8획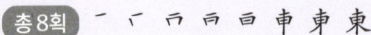

머리 **두**

총 16획 ᅟ一 ᅟ下 ᅟ丁 ᅟ豆 ᅟ豆 ᅟ豆 ᅟ豆 ᅟ豆 ᅟ頭 ᅟ頭 ᅟ頭 頭 頭 頭

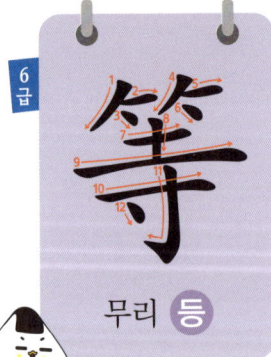

무리 **등**

총 12획 ᅟ丿 ᅟ亻 ᅟ个 ᅟ竹 ᅟ竹 ᅟ竿 ᅟ竿 ᅟ竿 ᅟ笁 笁 等 等

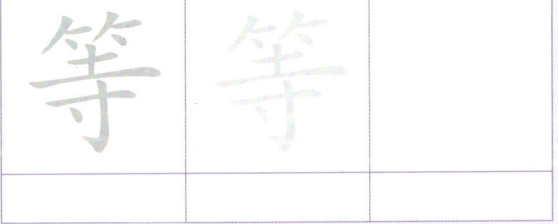

오를 등

총 12획 ㄱ ㅋ ㅋ' ㅋ'' 癶 癶 癶 癶 登 登 登 登

즐길 락(낙), 노래 악

총 15획 ' ⺁ ⺁ ⺁ 白 ⺁白 帛 帛 帛 帛 樂 樂 樂 樂

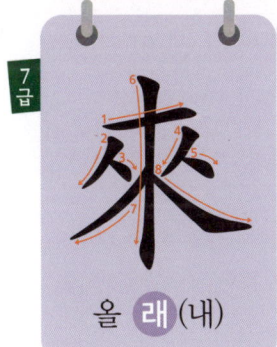

올 래(내)

총 8획 一 ⺁ ㄱ ㄱ 兩 夾 來 來

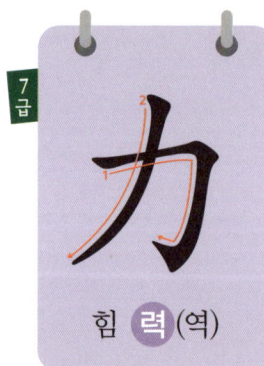
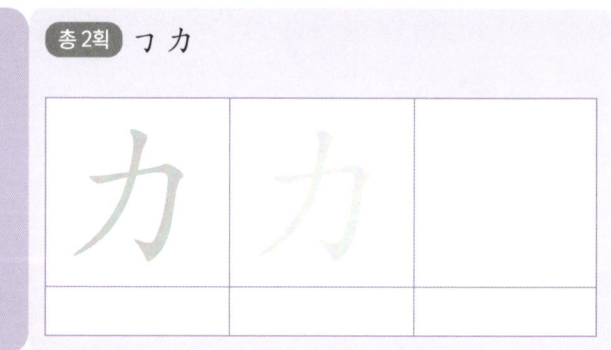

총 2획 ㄱ 力

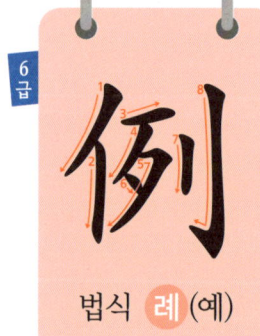
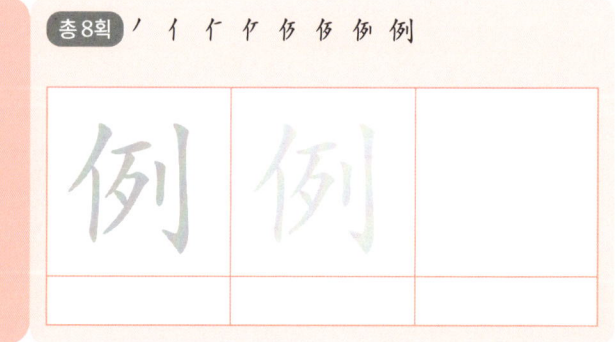

총 8획 ノ イ 亻 亻 伢 伢 例 例

총 18획 一 ニ 丅 亓 示 示 礻 礻 礻 神 神 禮 禮 禮 禮 禮

총 13획 ` ㄱ ㅁ 丬 乒 吊 趵 趵 趵 跻 路 路

길 로(노)

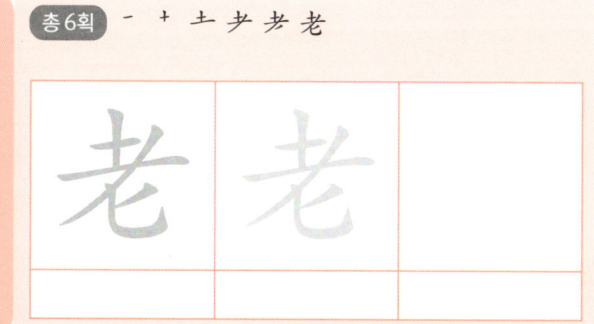

총 6획 一 十 土 耂 耂 老

늙을 로(노)

총 14획 ` ㄥ ㄠ 纟 纟 糸 糸 紗 紗 紗 紟 紗 綠 綠

푸를 록(녹)

8급

六

여섯 륙(육)

총4획 丶 亠 六 六

6급

利

이로울 리(이)

총7획 一 二 千 千 禾 利 利

6급

李

오얏(성씨) 리(이)

총7획 一 十 才 木 夲 李 李

다스릴 리(이)

총11획

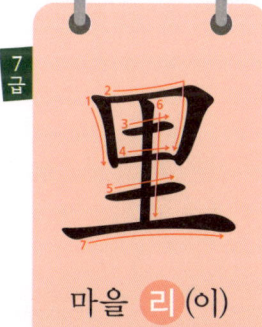

마을 리(이)

총7획

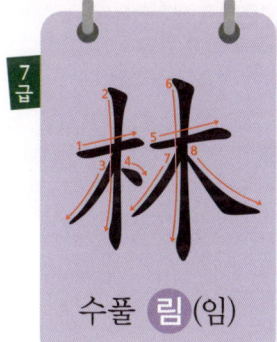

수풀 림(임)

총8획

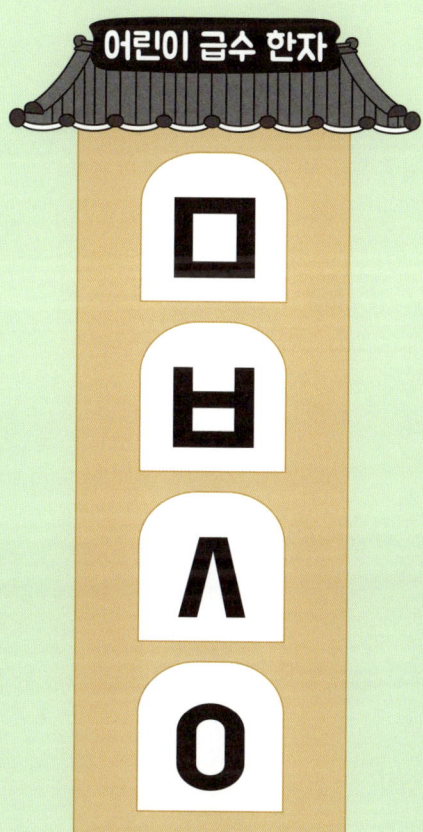

들을 문

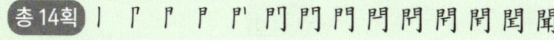

총 14획 | ｢ ｢ ｢ ｢ ｢ 門 門 門 門 門 閂 閏 聞

물을 문

총 11획 | ｢ ｢ ｢ ｢ 門 門 門 門 問 問

글월 문

총 4획   丶 亠 亣 文

| 8급 | 門 문 문 | 총8획 丨 冂 冂 冃 冃 門 門 門 |

| 7급 | 物 물건 물 | 총8획 ノ ⺧ ⺧ 牛 牜 牞 物 物 |

| 6급 | 米 쌀 미 | 총6획 丶 丷 ⺊ 半 米 米 |

| 6급 | 本 | 근본 본 |

총 5획 一 十 才 木 本

| 6급 | 部 | 떼(거느릴) 부 |

총 11획 ` 亠 ㅗ ㅛ 並 並 咅 咅 咅' 部' 部

| 7급 | 夫 | 지아비 부 |

총 4획 一 二 キ 夫

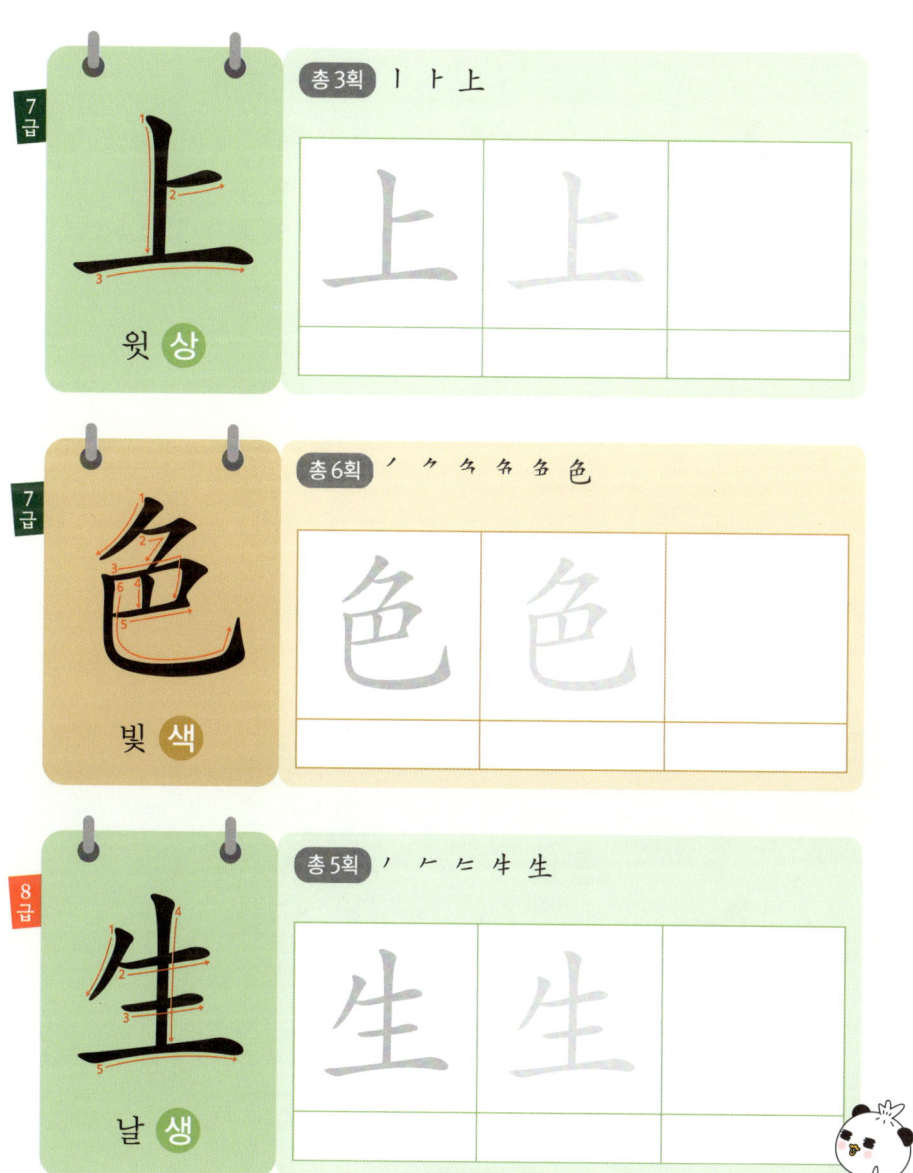

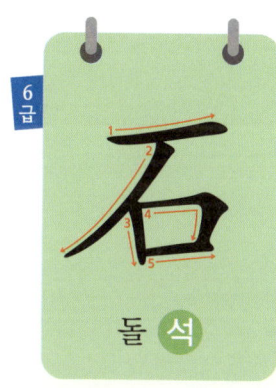
돌 석

총 5획 一 ブ ナ 石 石

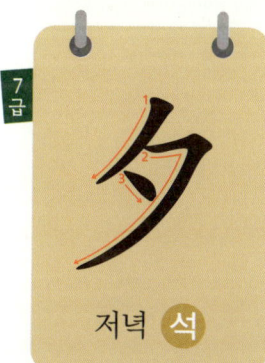
저녁 석

총 3획 ノ ク 夕

줄 선

총 15획 ⟨ 幺 幺 幺 糸 糸 糸 糸' 紆 紌 紳 綧 線 線

먼저 선

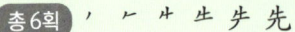

총 6획

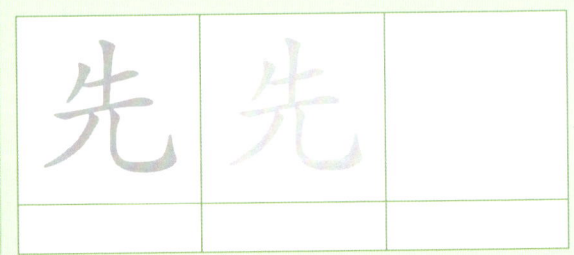

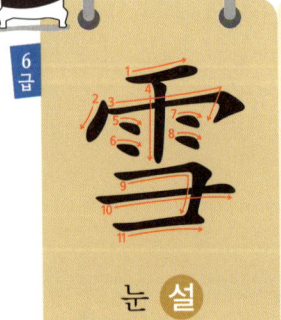

눈 설

총 11획

이룰 성

총 6획

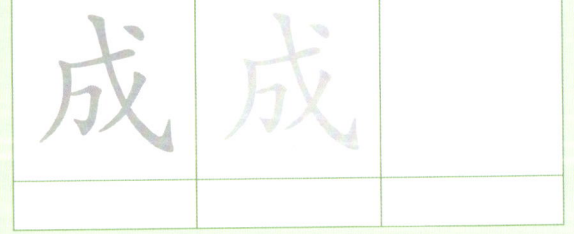

살필 성

총 9획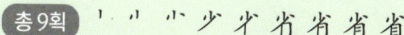

성씨 성

총 8획

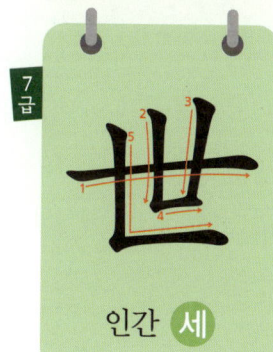

인간 세

총 5획

사라질 **소**

총 10획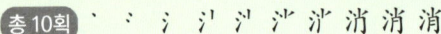

적을(젊을) **소**

총 4획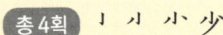

바 **소**

총 8획

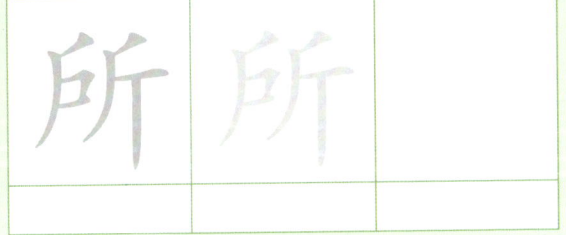

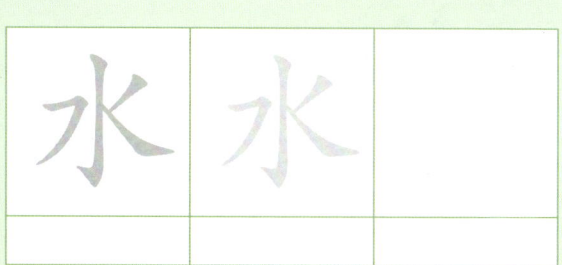

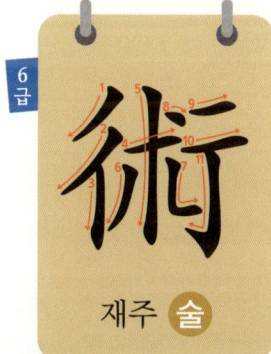

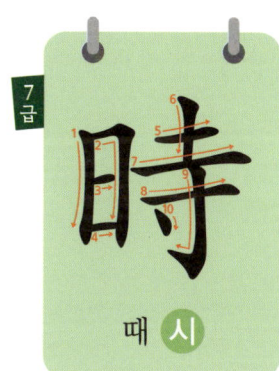
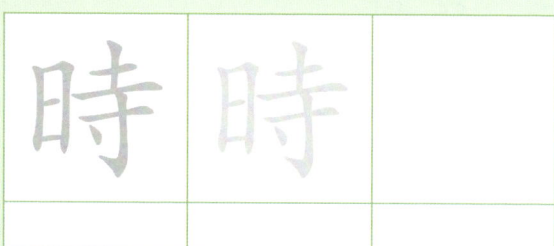

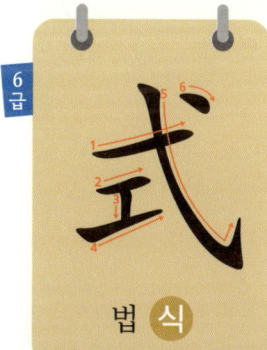

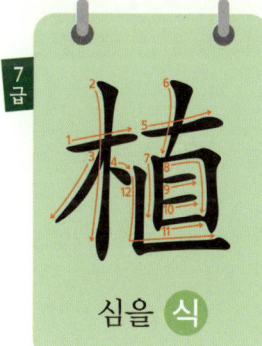

7급

食

밥(먹을) 식

총 9획 ノ 人 ㅅ 今 今 今 食 食 食

6급

信

믿을 신

총 9획 ノ 亻 亻 亻 信 信 信 信 信

6급

新

새 신

총 13획 丶 亠 亡 立 产 辛 辛 亲 新 新 新

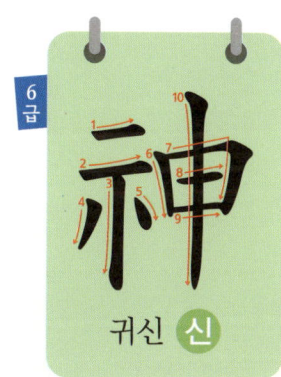

귀신 신

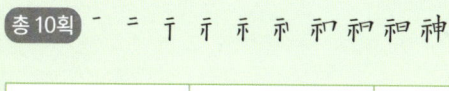

총 10획 一 丁 丁 丁 示 示 和 神 神 神

몸 신

총 7획 ＇ ｒ ｒ 彳 自 身 身

잃을 실

총 5획 ＇ ＾ 二 失 失

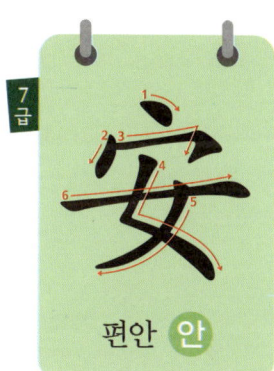
편안 안

총 6획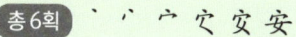

사랑 애

총 13획

밤 야

총 8획

6급 野 들 야
총 11획 丶 ㅁ 日 日 旦 甲 里 里 野 野 野

6급 弱 약할 약
총 10획 フ 弓 弓 弓 弱 弱 弱 弱

6급 藥 약 약
총 18획 一 十 艹 艹 艹 艹 苩 苩 苩 茲 茲 茲 藥 藥 藥

큰 바다 양

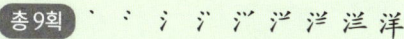
총 9획 丶丶氵氵氵沣洋洋洋

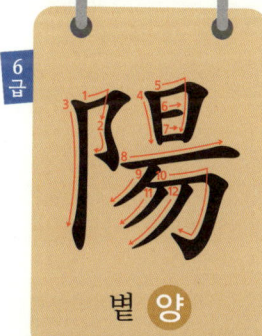
볕 양

총 12획 ㇇ 阝阝阝阝阝阻阻阳陽陽

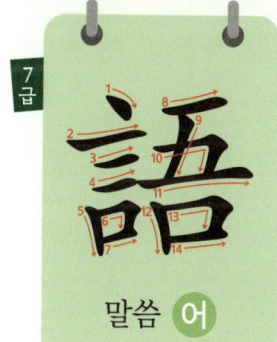
말씀 어

총 14획 丶亠立宁言言訂訂訝語語語語

총 5획 `丨亅永永

길 영

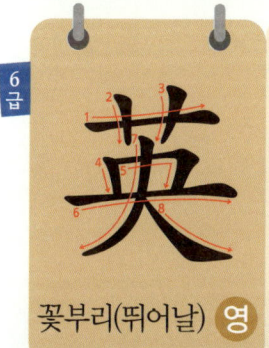

총 8획 一丨丬丬丱莁荚英

꽃부리(뛰어날) 영

총 4획 丿亠丄午

낮 오

오른쪽 우

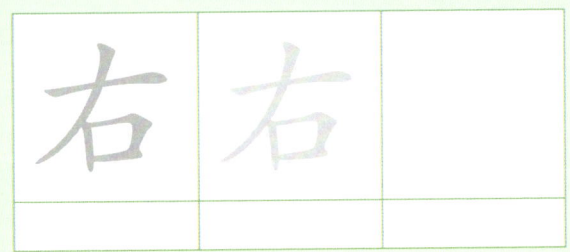
총 5획 ノ ナ オ 右 右

옮길 운

총 13획 ′ ″ ″ ″ 쿤 쿤 冒 宣 軍 軍 渾 運 運

동산 원

총 13획 丨 冂 冂 門 門 門 周 周 園 園 園 園 園

총 14획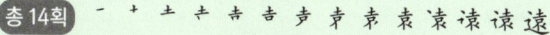

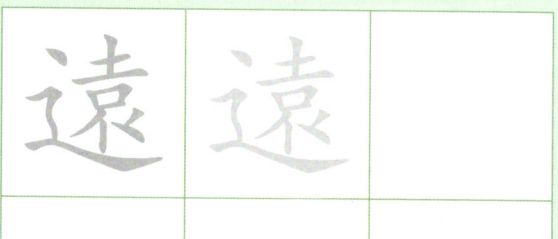

멀 원

총 4획 ㇒ 月 月 月

달 월

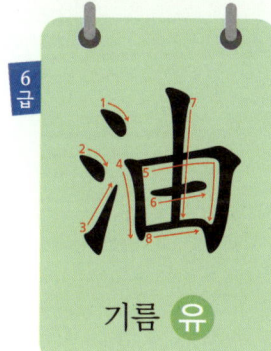

총 8획 ㇔ ㇔ ㇀ 氵 汩 汩 油 油

기름 유

말미암을 유

총 5획 丨 冂 曰 由 由

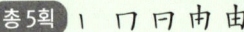

있을 유

총 6획 ノ 𠂇 オ 有 有 有

기를 육

총 8획 丶 亠 𠫓 㐬 产 育 育 育

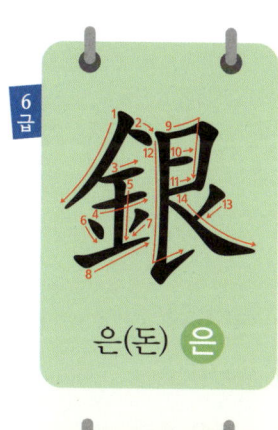
은(돈) 은

총 14획 　丿　𠂉　𠂉　𠂉　牟　金　金　釒　釒　釒　銀　銀

소리 음

총 9획 　丶　亠　亠　立　产　斉　音　音

총 13획 　丿　𠂉　𠂉　今　今　今　會　會　會　會　飮　飮　飮

마실 음

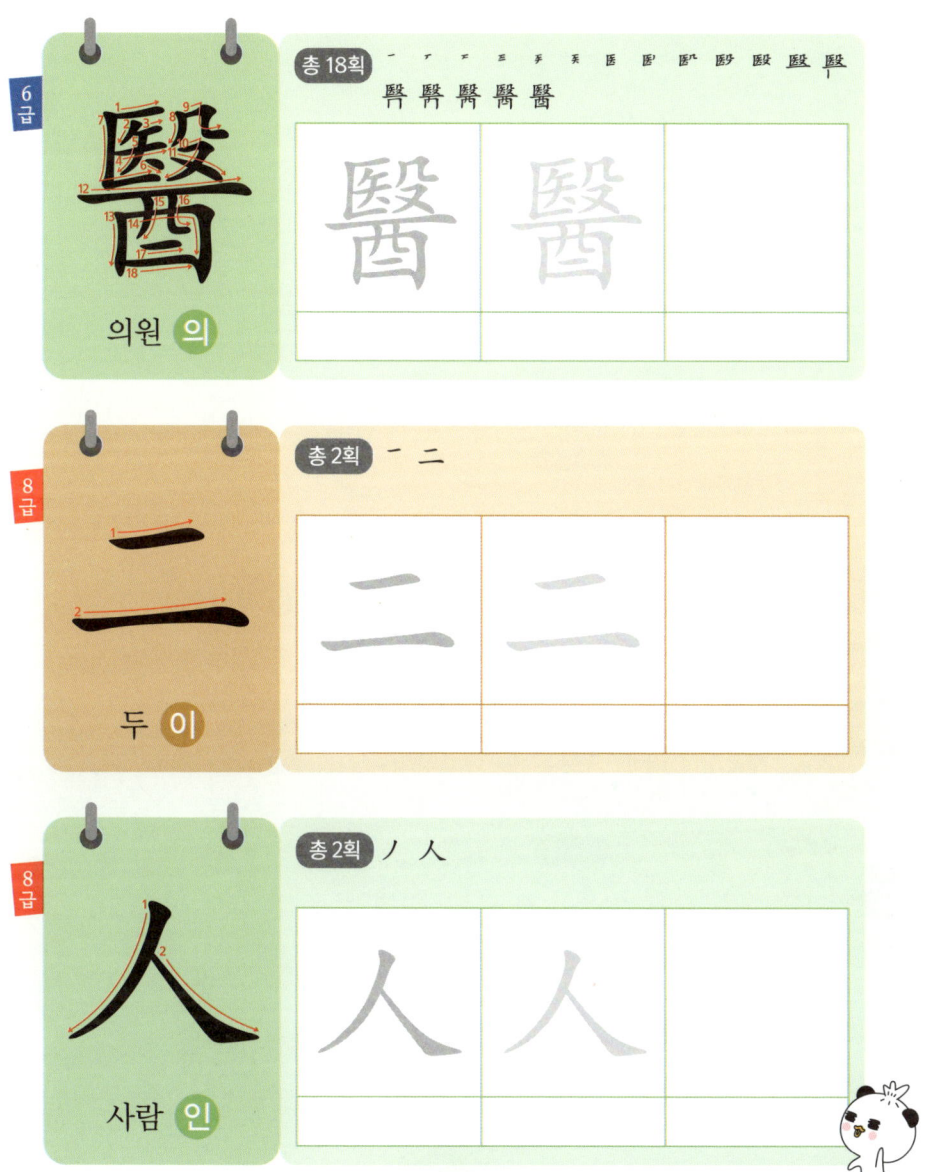

어린이 급수 한자

ㅈ
ㅊ
ㅌ
ㅍ
ㅎ

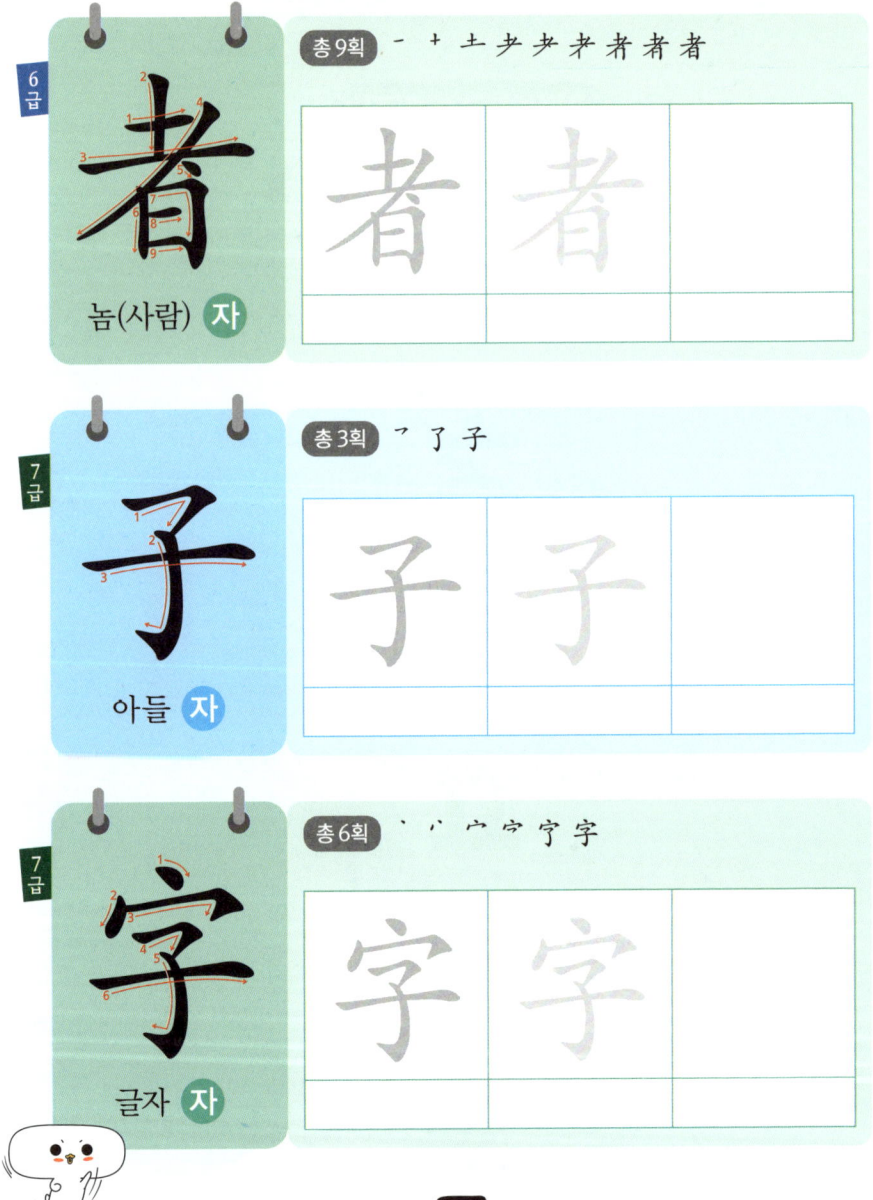

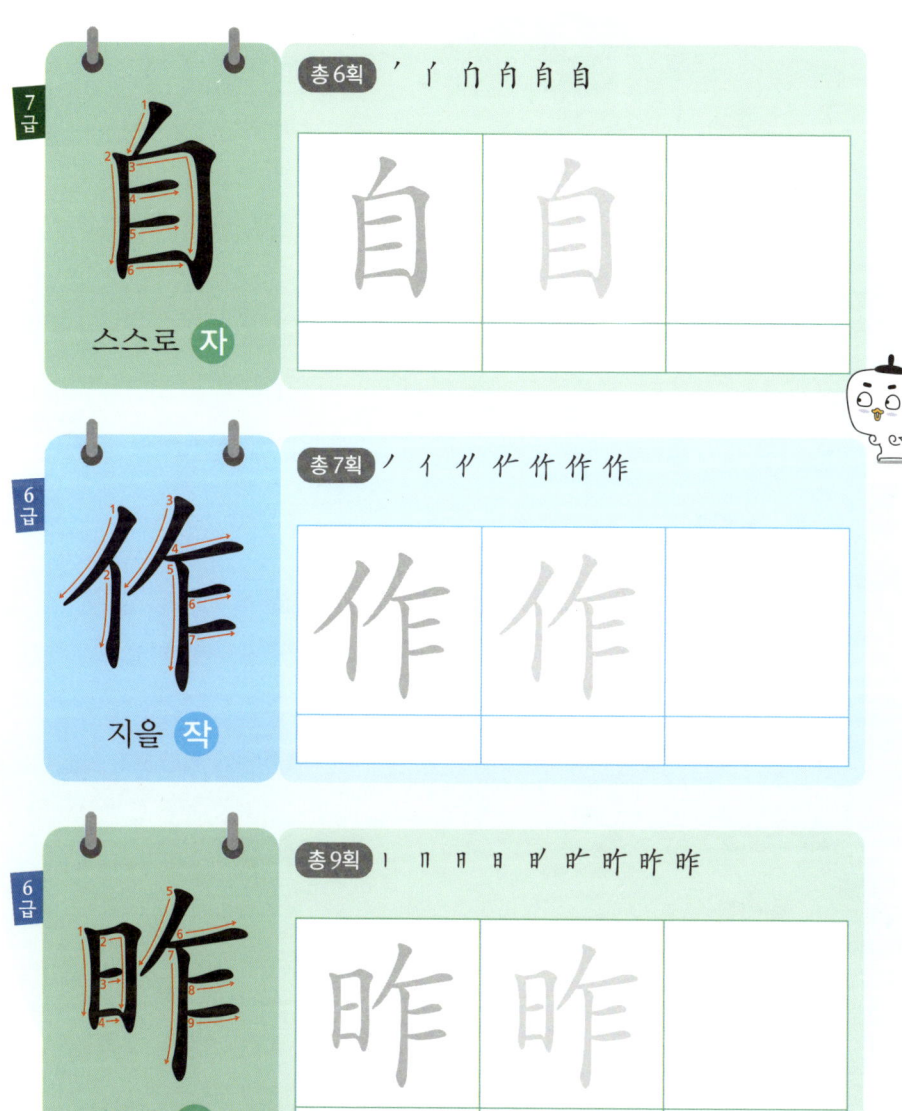

글 장

총 11획

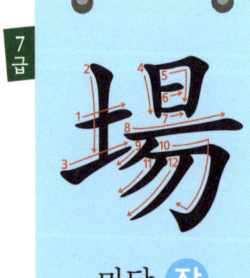

마당 장

총 12획

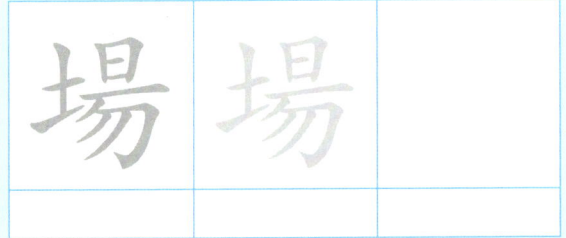

길(어른) 장

총 8획

온전할 전

총 6획 　ノ　入　仒　仐　仝　全

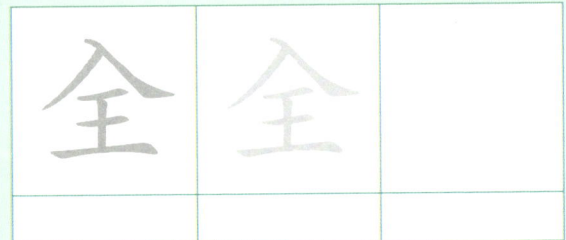

앞 전

총 9획 　丶　䒑　䒑　䒑　歬　歬　歬　前　前

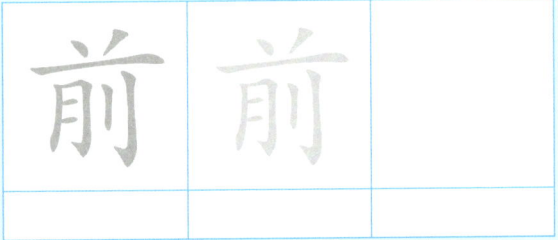

번개 전

총 13획 　一　冖　冂　㞢　㞢　雨　雨　雨　雨　雩　雷　雷　電

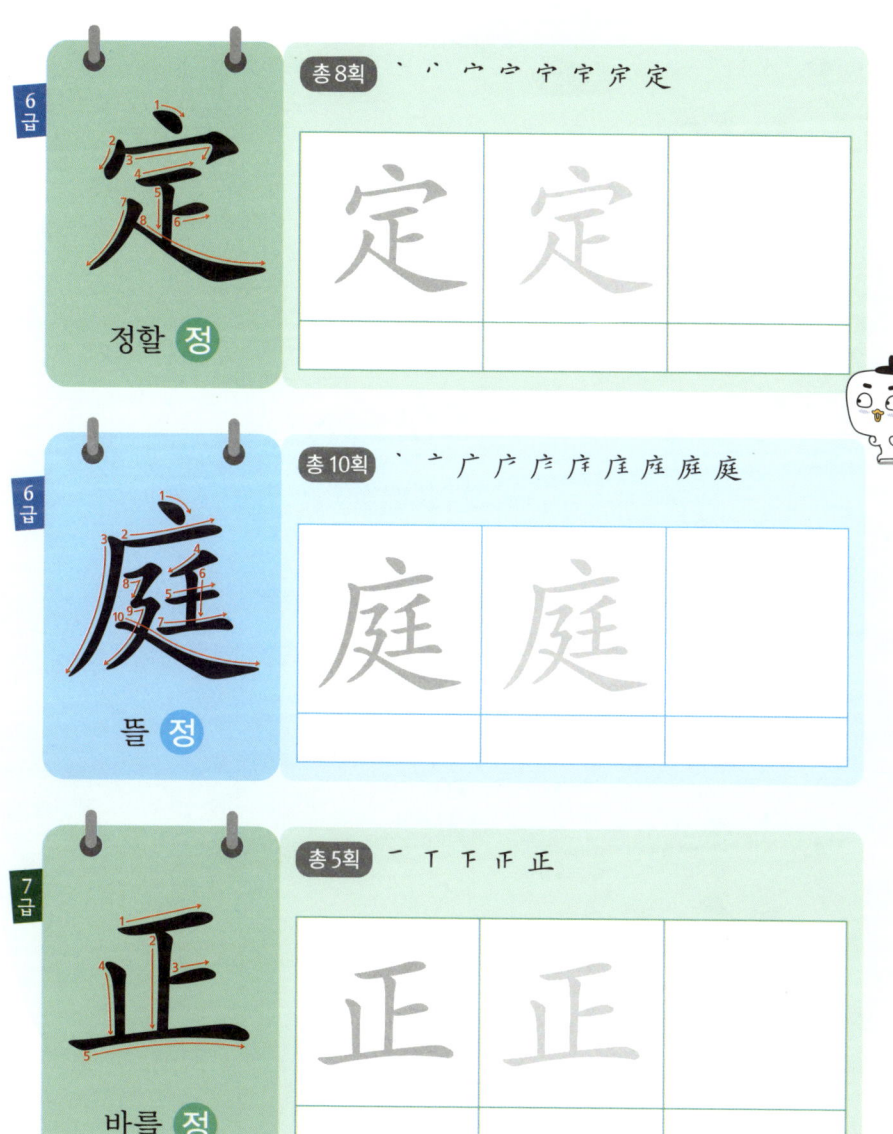

총 11획

차례 제

총 18획 ㄱ 冂 日 日 旦 甼 뮨 是 是 是 是 題 題
題 題 題 題 題

제목 제

총 7획

아우 제

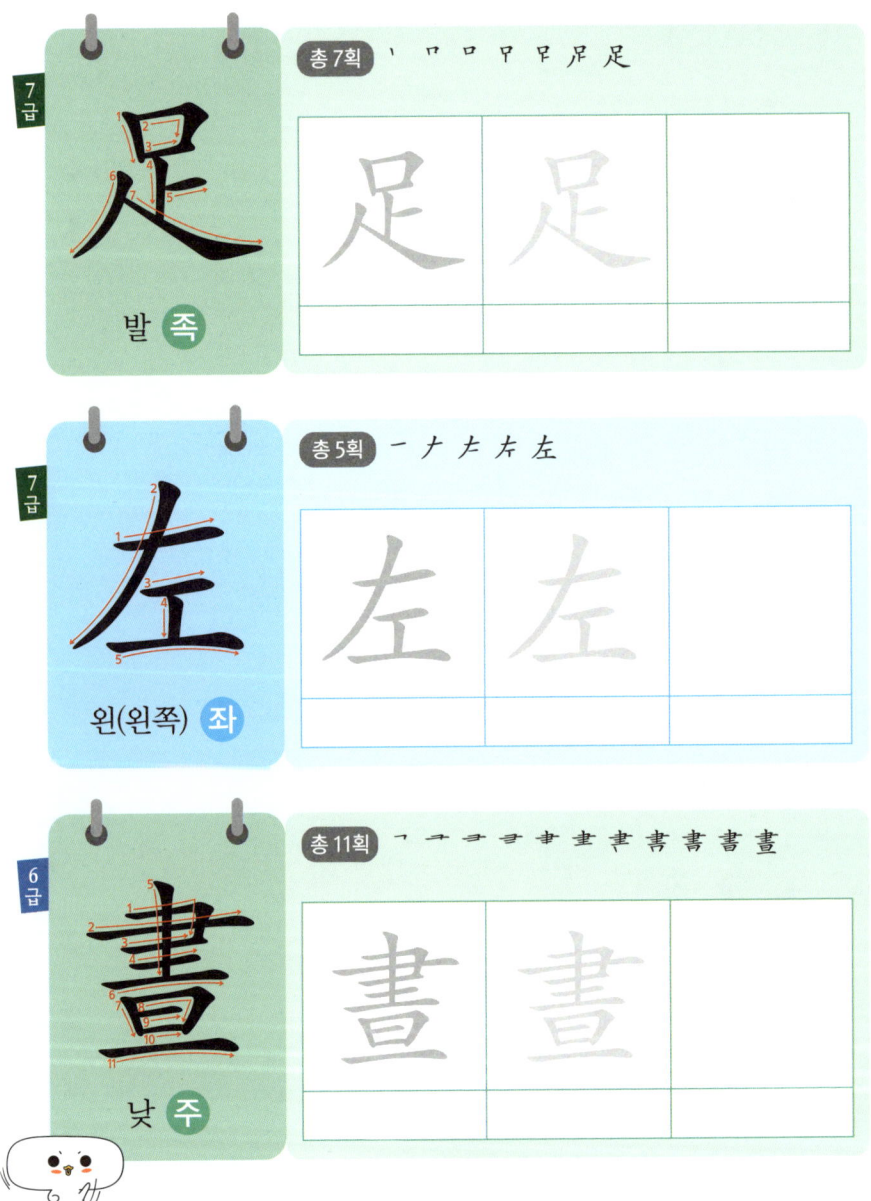

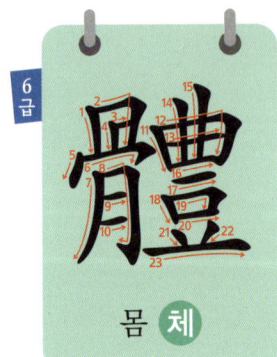

총 23획 ｜ ｜ ｜ ｜ ｜ ｜ ｜ ｜ ｜ ｜ ｜ ｜
體 體 體 體 體 體 體 體 體 體

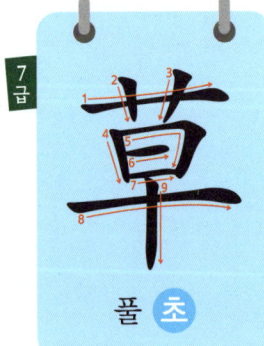

총 9획 一 ｜ ｜ ｜ ｜ ｜ ｜ ｜ 草

총 7획 一 十 ｜ ｜ ｜ 村 村

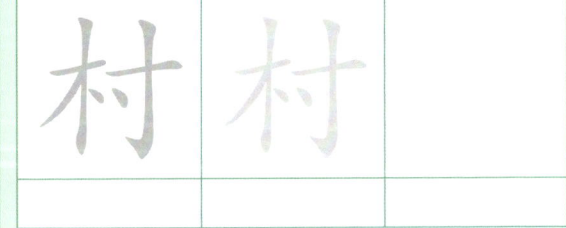

총 5획 ｜ 丨 屮 屮 出 出

날 출

총 16획 丶 亠 立 立 立 辛 亲 亲 亲 剎 剎 親
親 親 親

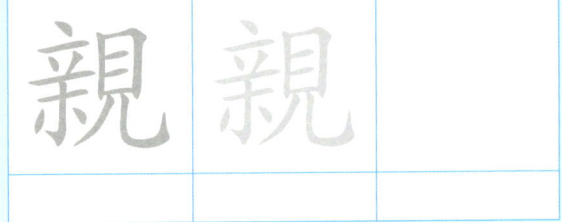

친할 친

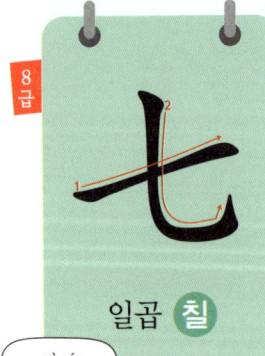

총 2획 一 七

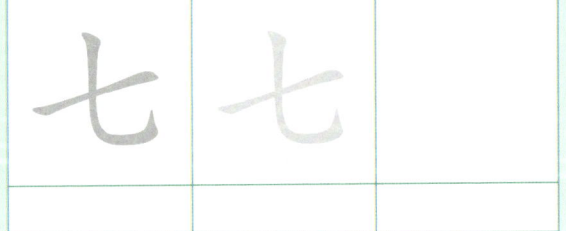

일곱 칠

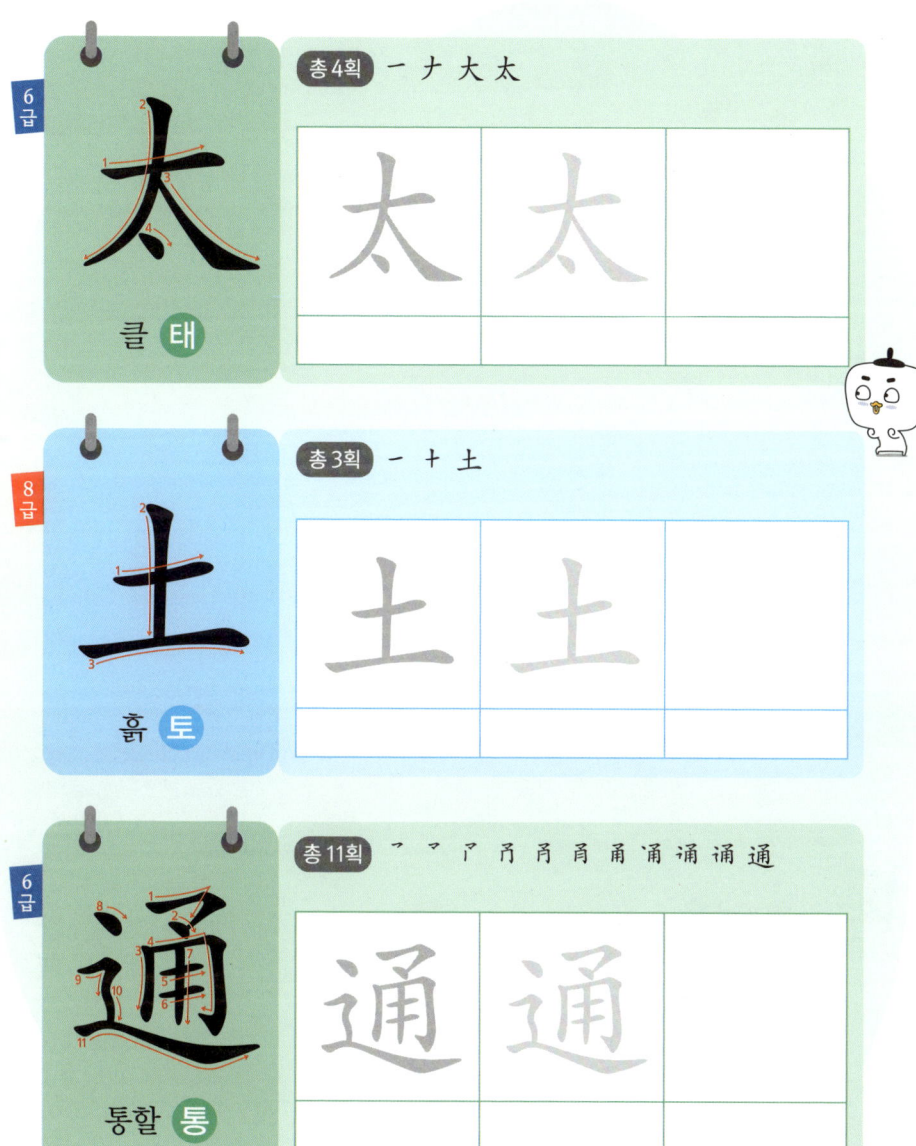

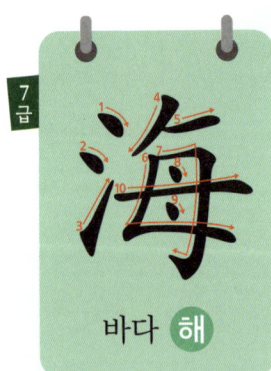
바다 해

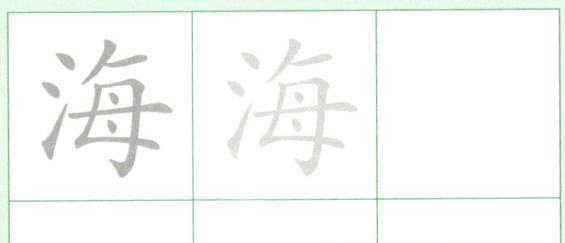
총 10획

다행 행

총 8획

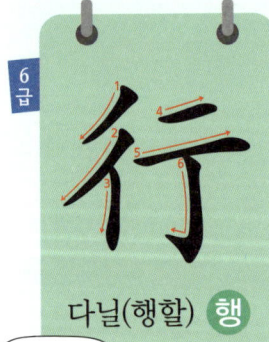
다닐(행할) 행

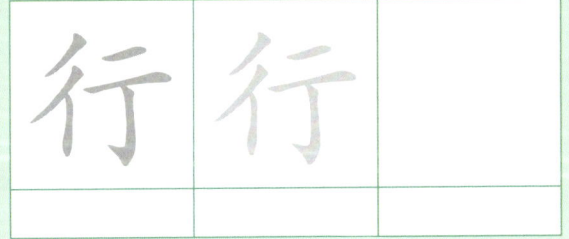
총 6획

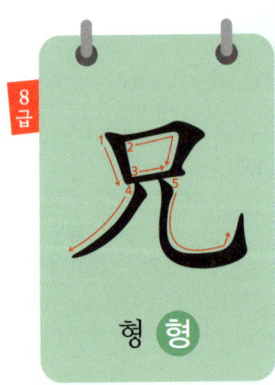

형

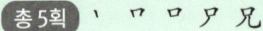

총 5획 丶 ㄇ ㅁ ㅁ 尸 兄

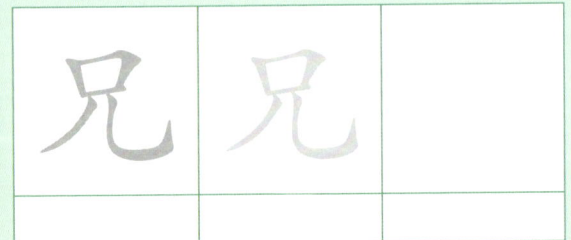

이름 호

총 13획 丶 ㄇ ㅁ ㅁ 号 号 号 号 号 虎 號 號 號

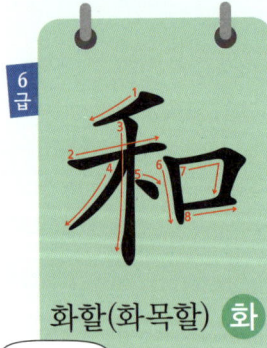

화할(화목할) 화

총 8획 ノ 二 千 禾 禾 利 和 和

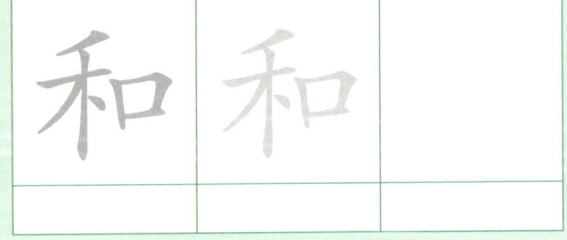

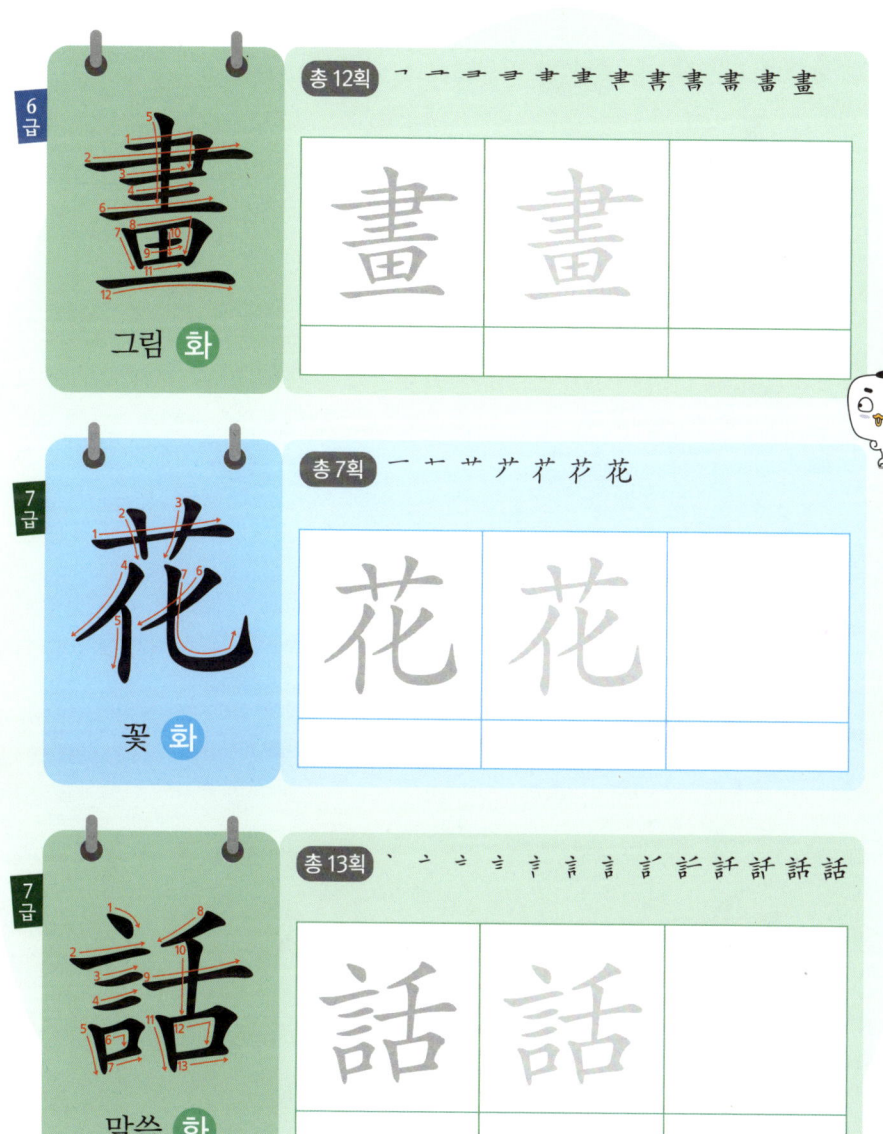

불 화

총 4획 丶 丶 火 火
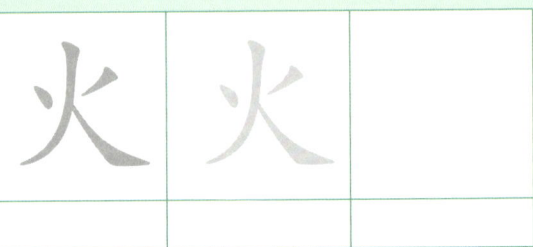

살(생존할) 활

총 9획 丶 丶 氵 氵 氵 汘 汘 活 活
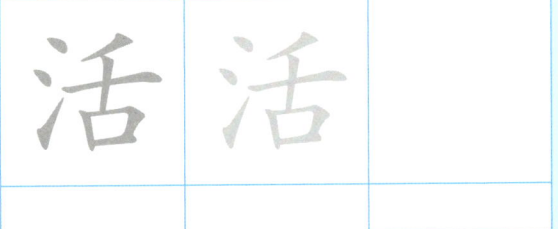

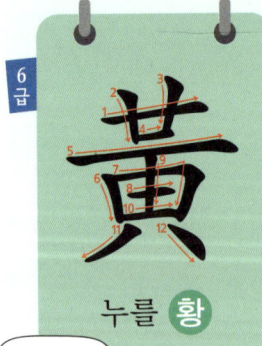
누를 황

총 12획 一 十 艹 艹 产 芊 芌 苩 苗 苗 黃 黃

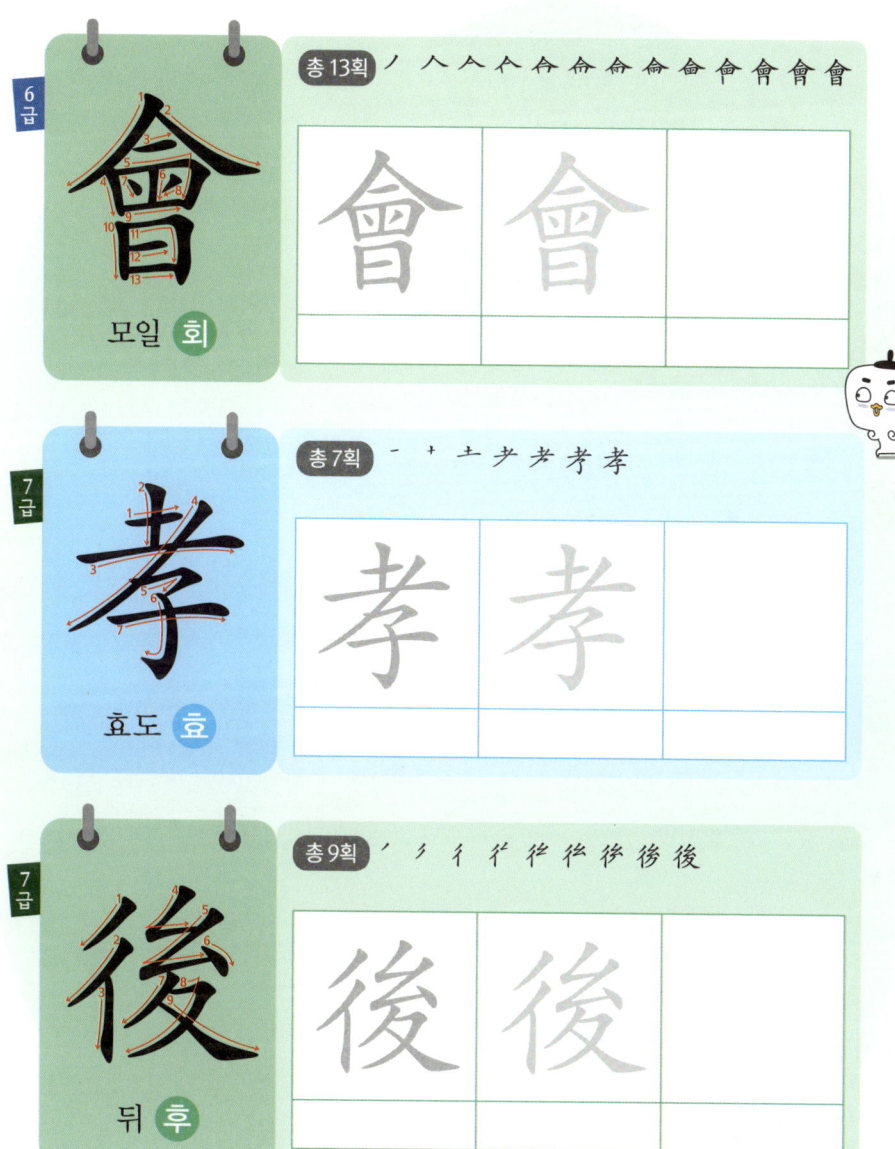